Polêmicas na Igreja

Augustus Nicodemus

Polêmicas na Igreja

DOUTRINAS, PRÁTICAS E MOVIMENTOS QUE ENFRAQUECEM O CRISTIANISMO

mundo**cristão**
São Paulo

CIP-Brasil. Catalogação-na-fonte
Sindicato Nacional dos Editores de Livros, RJ

N537p

    Nicodemus, Augustus
      Polêmicas na Igreja: doutrinas, práticas e movimentos que enfraquecem o cristianismo / Augustus Nicodemus. — 1. ed. — São Paulo: Mundo Cristão, 2015.
      224p.; 21 cm

      ISBN 978-85-433-0068-9

      1. Protestantes - Brasil. 2. Cristianismo. 3. Vida cristã. 4. Fé.
I. Título

14-18794   CDD: 248.4
                                          CDU: 27-584

Categoria: Igreja

Publicado no Brasil com todos os direitos reservados por:
Editora Mundo Cristão
Rua Antônio Carlos Tacconi, 69, São Paulo, SP, Brasil — CEP 04810-020
Telefone: (11) 2127-4147
www.mundocristao.com.br

1ª edição: março de 2015
8ª reimpressão: 2019

Para Minka, minha inspiração diária.

Sumário

Sexta parte: Decência e impureza

Sétima parte: Dons espirituais ontem e hoje

Oitava parte: Fé e razão

Agradecimento

Agradeço às centenas de jovens que descobriram as antigas doutrinas da graça por meio de minhas publicações nas mídias sociais e nos vídeos do YouTube. Foram as perguntas e os questionamentos deles que me levaram a escrever sobre os temas que estão neste livro.

Apresentação

Com a popularização da internet, o mundo virtual se transformou em um gigantesco fórum de discussões acerca dos mais variados assuntos. Os cristãos, historicamente ávidos por dialogar sobre temas relacionados à sua fé, não tardaram a invadir essa grande ágora e se tornaram um dos grupos que mais usam o ciberespaço para expor e debater ideias. Uma das características marcantes da grande rede mundial de computadores, no que tange ao diálogo entre evangélicos, é sua capacidade de derrubar barreiras e encurtar distâncias; isso permitiu que pessoas dos mais variados segmentos da Igreja passassem a trocar informações e ponderações acerca de suas crenças e práticas numa escala nunca vista na história do cristianismo.

Entre os efeitos colaterais dessa facilidade na troca de opiniões, cosmovisões e crenças está o fato de que as divergências ficaram bem mais visíveis. A internet se tornou um potente amplificador de ideias, tendências, doutrinas e mensagens variadas. Como fogo em palha seca, hoje determinado discurso alcança uma quantidade massiva de pessoas numa velocidade espantosa, por meio de redes sociais, blogues, vídeos, *sites* e outras ferramentas tecnológicas.

O reverendo Augustus Nicodemus tem se destacado no cenário evangélico brasileiro como um defensor equilibrado da sã doutrina bíblica, em diferentes campos de discussão.

Antenado ao seu tempo e em constante sintonia com o que está na pauta do dia dos debates entre cristãos, o pastor se posiciona com argumentos embasados na teologia reformada.

Presente de forma atuante nos ambientes virtuais, o reverendo Augustus não foge à difícil tarefa de levar ativamente esclarecimentos àquilo que considera equívocos da vida da Igreja. Com isso, seus estudos, vídeos, *posts* e reflexões têm alcançado e influenciado de teólogos experientes a jovens em início de caminhada na fé. Ao utilizar uma linguagem adequada a cada contexto, consegue usar de equilíbrio e discernimento para lançar mão da terminologia acadêmica entre acadêmicos e do discurso popular entre leigos. Esta, aliás, é uma de suas principais qualidades: a habilidade de levar conteúdo profundo em uma embalagem atual e contextualizada, sem ceder espaço para liberalismos nem descambar para a vaidosa tentação do discurso hermético.

Polêmicas na Igreja: doutrinas, práticas e movimentos que enfraquecem o cristianismo é fruto dessa atuação do reverendo Augustus no universo virtual. Em sequência às obras *O que estão fazendo com a Igreja* e *O ateísmo cristão e outras ameaças à Igreja*, a Mundo Cristão apresenta uma seleção de novos textos, feita pelo autor dentre os que publicou nas mídias sociais, atualizados e reunidos num livro de leitura indispensável para quem deseja formular opiniões sobre assuntos que fervilham na internet e, por conseguinte, nos corredores das igrejas. Nesta obra, ele aborda diversos temas que vêm acalorando debates entre cristãos nas redes sociais, comenta o que considera erros teológicos ou culturais do meio evangélico, confronta ideias equivocadas vindas de fora do universo cristão e traz um olhar contemporâneo sobre antigas questões que dividem a Igreja de Cristo há décadas e, até mesmo, séculos.

Junte-se ao reverendo Augustus Nicodemus neste saudável debate sobre as coisas de Deus e tenha certeza de que você chegará ao fim deste livro muito mais capacitado a refletir sobre questões importantes de sua jornada de fé.

Boa leitura!

MAURÍCIO ZÁGARI
Editor

Prefácio

Existem respostas simples para perguntas complexas? Num primeiro momento, somos levados a pensar que não. O motivo é que podemos estar confundindo respostas "simples" com "simplistas". O grande mérito deste novo livro do dr. Augustus Nicodemus é justamente dar respostas simples e honestas para questões que parecem — e podem — demandar muito mais tempo para se responder; e o autor o faz sem oferecer respostas simplistas. A razão é uma só: Dr. Augustus se baseia no texto bíblico. A Bíblia tem o poder de fazer isso — ela oferece soluções descomplicadas para os problemas complexos da nossa vida. Basta ter "ouvidos para ouvir".

Este livro é fruto de uma intensa agenda de diálogos com as mais variadas perspectivas teológicas e ateológicas que se podem ver nos dias atuais nos veículos de comunicação, especialmente a internet. As redes sociais aproximaram os autores dos leitores, e isso tem produzido diversos fenômenos que começam a ser objeto de investigação. Sem dúvida, um desses efeitos é a produção sob demanda, ou seja, aquela que vem ao encontro das necessidades imediatas dos leitores. Isso inverte um pouco o mecanismo de produção e recepção dos textos e tem diversas implicações, sendo, talvez, a principal, a exigência de que os escritores (incluindo os teólogos) estejam "antenados" com a realidade virtual. Essa conexão é uma das maiores virtudes do dr. Augustus, evidenciada pela propagação que seus escritos vêm alcançando por intermédio dessas redes.

Mas não se trata de apenas dar as respostas que as pessoas querem receber. Na verdade, curiosamente, por fazer parte de uma tradição multissecular — a reformada —, escritos como os que aqui se encontram supostamente teriam maior dificuldade de aceitação hoje em dia. E por que, então, ocorre o oposto? Será que é porque o calvinismo está na moda, como muitos dizem? De fato, não se pode negar que há um interesse renovado pelos escritos da corrente reformada calvinista, mas ele deriva justamente do comprometimento bíblico dessa tradição, unido à contextualização dos temas abordados. Cansados da superficialidade das respostas (ou da completa ausência delas) oferecidas por tantos ministérios famosos da televisão, as pessoas têm se voltado para a internet, onde têm liberdade para fazer as perguntas que julgam apropriadas às suas necessidades espirituais.

E aqui voltamos ao ponto central do que significa dar uma resposta simples sem ser simplista. A solução será simples se for profundamente bíblica e ao mesmo tempo contextualizada, isto é, se conseguir trazer a essência do ensino bíblico (sem distorções, cortes ou acréscimos) para as situações contemporâneas, aplicando-se organicamente aos pressupostos da época em que vivemos, ao mesmo tempo que corrige os excessos e chama ao arrependimento dos desvios. Isso não funciona quando se adota como estratégia a mera menção de textos bíblicos, tomando indistintamente algumas passagens das Escrituras e tentando encaixá-las às circunstâncias atuais. O segredo está na compreensão profunda da cosmovisão bíblica, que oferece soluções para os dilemas de todas as épocas. Por isso, não tenho dúvida de que este livro será muito útil para todos os seus leitores.

LEANDRO LIMA
Doutor em literatura, escritor e professor do
Centro Presbiteriano de Pós-Graduação Andrew Jumper

Introdução

Polêmicas na Igreja: doutrinas, práticas e movimentos que enfraquecem o cristianismo é uma tentativa de oferecer respostas a questões relacionadas à vida da Igreja brasileira que, com certa frequência, provocam polêmicas e debates — com ênfase em aspectos da Igreja evangélica. Construída com base em uma compilação de textos que venho divulgando nas mídias sociais há algum tempo, esta obra dá sequência à proposta de dois outros livros meus publicados pela Mundo Cristão, igualmente compostos a partir de artigos que postei na internet acerca de problemas referentes à Igreja nos dias atuais. Sinto-me grato pela boa recepção desses dois livros e atribuo esse êxito ao fato de resultarem de interações que tive com meus leitores no ambiente virtual: o que debatemos ali é o que verdadeiramente ocupa a atenção dos evangélicos brasileiros. São temas que os cristãos desejam e precisam discutir, a fim de firmar sua fé.

Vejo com muito bons olhos esse interesse, por parte de cristãos de todo o país, em garantir sua fidelidade ao que pregam as Sagradas Escrituras. Essa é uma preocupação bastante sadia, haja vista as tantas "inovações teológicas" que se lançam quase diariamente no meio evangélico nacional. São modismos e desvios que ameaçam a sã doutrina e põem em risco a integridade espiritual dos cristãos.

A própria Bíblia exorta quanto à necessidade de estarmos atentos a esses ventos de mudança, examinando-os em detalhes e submetendo-os ao crivo do evangelho. Paulo adverte Timóteo contra aqueles que se desviam do "amor que procede de coração puro, e de consciência boa, e de fé sem hipocrisia" e que se perdem "em loquacidade frívola", isto é, em discussões inúteis (1Tm 1.5-6). O apóstolo possivelmente se referia a falsos mestres que ensinavam doutrinas erradas nas igrejas, das quais haviam saído após mudar de opinião sobre o evangelho. A advertência paulina nomeia esses desviados como os que "apostatarão da fé, por obedecerem a espíritos enganadores e a ensinos de demônios, pela hipocrisia dos que falam mentiras e que têm cauterizada a própria consciência" (4.1-2). Eram pessoas que, embora tivessem iniciado bem a carreira cristã, mudaram seu posicionamento ao longo do tempo, a ponto de não poderem ser mais consideradas autênticos servos de Cristo. O apóstolo menciona, ainda, mulheres que haviam se desviado da fé e seguido Satanás (5.15); obreiros que, por amor ao dinheiro, rejeitaram o que antes professavam (6.10); e outros que se renderam à gnose, o saber mundano (v. 20-21). Paulo cita especificamente dois líderes cristãos, Himeneu e Fileto, e os considera apóstatas, por professarem e disseminarem ideias contrárias ao ensino apostólico da ressurreição (2Tm 2.18). O perigo da apostasia e do desvio doutrinário também é motivo de alerta por parte de outros escritores neotestamentários, como Tiago (Tg 5.19) e o autor de Hebreus (Hb 2.1; 12.25).

Provavelmente, do ponto de vista dessas pessoas advertidas na Bíblia, elas estavam apenas experimentando o amadurecimento dos preceitos em que criam e trilhavam a estrada rumo a um maior conhecimento de Deus e de seu plano redentor. Julgavam-se libertas das antigas amarras da fé e da ética. Sentiam-se agora livres para pensar da maneira que achavam melhor e agir de acordo com essa liberdade de opinião.

Acho, sim, que devemos estar sempre abertos às mudanças. Todavia, precisamos diferenciar mudança de apostasia.

Há transformações de pensamento que podem empurrar os irmãos menos sábios para fora do cristianismo bíblico. Contudo, não se pode dizer que toda mudança de entendimento constitui desvio da fé. Não há dúvida, por exemplo, de que a Reforma Protestante começou com uma grande inquietação no coração de Lutero, que culminou numa enorme mudança no posicionamento de alguns cristãos — para melhor. Longe de ser uma apostasia, a Reforma representou um tremendo retorno às Escrituras.

O que não se pode negar é que toda apostasia começa com uma mudança na mente e no coração, uma progressiva transformação que vai corroendo as convicções e minando as resistências mentais e espirituais, até que uma completa metamorfose — para fora da fé — venha a ocorrer. Uma vez transformado, o apóstata se empenha em oferecer justificativas, quer apelando para o argumento de que as revoluções são algo natural e desejável, quer rompendo abertamente com alguns pontos centrais do cristianismo histórico, nos quais antes acreditava. O próximo passo é assumir um estado de perpétuo abandono das verdades bíblicas, aliado à total carência de fundamentos em que possa sustentar suas convicções. Eu prefiro ficar com o lema da Reforma, segundo o qual a Igreja está constantemente se reformando e, com ela, seus membros. Todavia, há que se ressaltar que isso sempre se dá à luz da Palavra de Deus.

Meu desejo é que, a exemplo dos anteriores, este livro seja uma bênção para a Igreja de Cristo.

primeira parte

A liberdade de expressão
e as contradições

Julgar é sempre falta de amor?

Tornou-se comum evangélicos acusarem de falta de amor a atitude de outros evangélicos que tomam posicionamentos firmes em questões éticas, doutrinárias e práticas. Considera-se desamor tudo aquilo que envolve a exposição, a discussão e o confronto de opiniões alheias. Essa postura reflete o sentimento pluralista e relativista que permeia a mentalidade evangélica de hoje e que toma como ofensivo todo confronto de ideias no que se refere a teologia. Perdeu-se a virilidade teológica. Vivemos dias de frouxidão, nos quais proliferam os que tremem diante de uma peleja teológica de maior monta e saem gritando, histéricos: "Linchamento! Linchamento!".

Pergunto-me se a Reforma Protestante teria acontecido se Lutero e seus companheiros pensassem dessa forma.

É possível que, no calor de uma argumentação, durante um debate, saiam palavras ou frases que poderiam ter sido ditas ou escritas de modo mais apropriado. Aprendi com meu mentor espiritual, o pastor Francisco Leonardo Schalkwijk, que a sabedoria reside em conhecer "o tempo e o modo" de dizer as coisas (Ec 8.5). E todos nós já experimentamos a frustração de descobrir que nem sempre conseguimos nos expressar da melhor maneira.

Todavia, não posso aceitar que seja falta de amor confrontar irmãos que, a nosso ver, não andam na verdade, assim como Paulo confrontou Pedro quando esse deixou de seguir o evangelho genuíno (Gl 2.11). Muitos vão dizer que essa atitude é arrogante e que ninguém é dono da verdade. Outros, contudo, entendem que faz parte do chamamento bíblico examinar todas as coisas, reter o que é bom e rejeitar o que é falso, errado e injusto.

Considerar falta de amor a discordância quanto aos erros de alguém é desconhecer a natureza do amor bíblico. Amor e verdade andam juntos. Oseias queixou-se de não haver amor nem verdade entre os habitantes da terra (Os 4.1). Paulo pediu que os efésios seguissem a verdade em amor (Ef 4.15). Quanto aos tessalonicenses, o apóstolo denunciou os que rejeitavam o amor da verdade e que, por isso, não eram salvos (2Ts 2.10). Pedro afirmou que a obediência à verdade purifica a alma e leva ao amor não fingido (1Pe 1.22). João desejou que a verdade e o amor do Pai estivessem com seus leitores (2Jo 3). O empenho para que a verdade predomine não pode ser confundido com falta de amor para com os que disseminam o erro.

O apelo ao amor sempre encontra eco no coração dos evangélicos, mas falar de amor não é garantia de espiritualidade nem de verdade. Afinal, há quem não leve uma vida reta diante de Deus e se gabe de praticar o amor. O profeta Ezequiel enfrentou um grupo de pessoas desse tipo: "Com a boca, professam muito amor, mas o coração só ambiciona lucro" (Ez 33.31). O que ocorre é que, às vezes, a ênfase ao amor é simplesmente uma capa para acobertar uma conduta imoral ou irregular diante de Deus. Paulo criticou isso nos crentes de Corinto, que se gabavam de ser uma igreja espiritual, amorosa, ao mesmo tempo que toleravam imoralidades em seu meio: "Contudo, andais vós ensoberbecidos e não chegastes a lamentar, para que fosse tirado do vosso meio quem tamanho ultraje praticou? [...] Não é boa a vossa jactância" (1Co 5.2,6). Paulo se referia a um jovem "incluído" que dormia com a própria madrasta.

O discurso das igrejas que hoje toleram todo tipo de conduta irregular praticada por seus membros é exatamente esse, ou seja, afirmam-se igrejas amorosas, que não condenam nem excluem ninguém.

Não há na Bíblia quem tenha falado mais de amor que o apóstolo João, conhecido, por esse motivo, como o apóstolo do amor. Ele disse que amava os crentes "na verdade" (2Jo 1; 3Jo 1), isto é, porque eles andavam na verdade. Nas cartas joaninas, o termo "verdade" tem um componente teológico e doutrinário. É o evangelho em sua plenitude. João ama seus leitores porque eles, assim como o apóstolo, conhecem a verdade e andam nela. A verdade é a base do verdadeiro amor cristão. Nós amamos nossos irmãos porque, juntos, professamos a mesma verdade sobre Deus e sobre Cristo. Todavia, eis o que o apóstolo do amor proferiu contra mestres e líderes que haviam se desviado do caminho da verdade:

> Eles saíram de nosso meio; entretanto, não eram dos nossos; porque, se tivessem sido dos nossos, teriam permanecido conosco; todavia, eles se foram para que ficasse manifesto que nenhum deles é dos nossos.
>
> 1João 2.19

> Quem é o mentiroso, senão aquele que nega que Jesus é o Cristo? Este é o anticristo, o que nega o Pai e o Filho.
>
> 1João 2.22

> Aquele que pratica o pecado procede do diabo.
>
> 1João 3.8

> Nisto são manifestos os filhos de Deus e os filhos do diabo: todo aquele que não pratica justiça não procede de Deus, nem aquele que não ama a seu irmão.
>
> 1João 3.10

Todo espírito que não confessa a Jesus não procede de Deus; pelo contrário, este é o espírito do anticristo, a respeito do qual tendes ouvido que vem e, presentemente, já está no mundo.

1João 4.3

Porque muitos enganadores têm saído pelo mundo fora, os quais não confessam Jesus Cristo vindo em carne; assim é o enganador e o anticristo. [...] Todo aquele que ultrapassa a doutrina de Cristo e nela não permanece não tem Deus [...]. Se alguém vem ter convosco e não traz esta doutrina, não o recebais em casa, nem lhe deis as boas-vindas. Porquanto aquele que lhe dá boas-vindas faz-se cúmplice das suas obras más.

2João 7,9-11

Poderíamos acusar João de falta de amor pela firmeza com que ele resiste ao erro teológico? O amor cobrado pelos evangélicos sentimentalistas acaba se tornando a postura de quem não tem convicções. O amor bíblico disciplina, corrige, repreende, diz a verdade. E, quando se vê diante do erro seguido de arrependimento e contrição, perdoa, esquece, tolera, suporta. O Senhor, ao perdoar a mulher adúltera, acrescentou: "Vai e não peques mais" (Jo 8.11). O amor perdoa, mas cobra retidão. Jesus pediu ao Pai que perdoasse seus algozes, que não sabiam o que faziam; todavia, na semana que antecedeu seu martírio, não deixou de censurá-los, chamando-os de "hipócritas", "raça de víboras" e "filhos do inferno" (Mt 23). Essa separação entre amor e verdade, praticada por alguns evangélicos, torna o amor um mero sentimentalismo vazio. Veja o que diz Paulo:

O amor é paciente, é benigno; o amor não arde em ciúmes, não se ufana, não se ensoberbece, não se conduz inconvenientemente, não procura os seus interesses, não se exaspera, não se ressente do mal; não se alegra com a injustiça, mas regozija-se com a verdade; tudo sofre, tudo crê, tudo espera, tudo suporta.

1Coríntios 13.4-7

Percebe-se que o apóstolo não está falando de um sentimento geral de inclusão e tolerância, mas de uma atitude decisiva em favor da verdade, do bem e da retidão. Não é de admirar que o autor desse "hino ao amor" pronunciou um anátema aos que pregam outro evangelho (Gl 1). Do texto paulino anteriormente transcrito, destaco o trecho em que afirma que o amor "regozija-se com a verdade" (1Co 13.6). A ideia de aprovação está presente: o amor aprova alegremente a verdade; ele se regozija quando a verdade de Deus triunfa, quando Cristo é glorificado e a Igreja, edificada.

Portanto, o amor cobrado por aqueles que se ofendem com a defesa da fé, a exposição do erro e o confronto da inverdade não é o amor bíblico. Falta de amor para com as pessoas seria deixar que elas continuassem a ser enganadas sem ao menos tentar lhes mostrar o outro lado da questão.

É proibido julgar?

Participei de uma discussão em uma rede social em que uma moça se aborreceu com comentários feitos a terceiros (não por mim) e se retirou zangada, dizendo que Jesus ensinou que não se deve julgar os outros. Sei que existem situações em que julgar é realmente errado, mas aquele não era o caso. A pessoa "julgada" tinha feito declarações nas quais expressou seu ponto de vista acerca de determinado assunto, e os demais estavam simplesmente avaliando e rejeitando sua opinião. Infelizmente, a atitude da moça que se ressentiu daquela conversa é bastante comum no meio evangélico moderno. As palavras de Jesus são equivocadamente usadas como argumento em favor de que devemos aceitar tudo o que se diz e faz, sem pronunciar qualquer juízo de valor que seja contrário.

Será que foi isso mesmo o que Jesus ensinou? Aqui está a passagem na íntegra:

> Não julgueis, para que não sejais julgados. Pois, com o critério com que julgardes, sereis julgados; e, com a medida com que tiverdes medido, vos medirão também. Por que vês tu o argueiro no olho de teu irmão, porém não reparas na trave que está no teu próprio? Ou como dirás a teu irmão: Deixa-me tirar o argueiro do teu olho, quando tens a trave no teu? Hipócrita, tira primeiro a trave do teu olho e, então, verás claramente para tirar o argueiro do olho de teu irmão. Não

deis aos cães o que é santo, nem lanceis ante os porcos as vos-
sas pérolas, para que não as pisem com os pés e, voltando-se,
vos dilacerem.

Mateus 7.1-6

O que logo de início fica evidente é que Jesus está proi-
bindo o julgamento hipócrita, aquele que consiste em ver os
defeitos alheios sem olhar para as próprias falhas. O Senhor
determina que primeiro nos examinemos e nos submetamos
humildemente ao mesmo crivo que queremos usar para me-
dir e avaliar o procedimento e as palavras dos outros. E, então, precisamos remover a trave do nosso olho, isto é, corrigir
nosso caminho e reformar nossa conduta.

Em seguida, Jesus ordena que, livres de tudo o que nos li-
mita a visão, tiremos o argueiro do olho de nosso irmão. O que
o Senhor quer evitar é que um indivíduo praticamente cego
por trazer no olho um verdadeiro tronco de árvore tente tirar
um cisco no olho de alguém. Mas, uma vez que enxerguemos
claramente, depois de removido o entrave que bloqueia nossa compreensão e percepção, devemos proceder à remoção do
cisco do olho do outro.

No versículo 6, Jesus faz ainda outra advertência, que, observe, só pode ser obedecida se de fato houver um julgamento.
Sim, pois como poderemos evitar entregar nossos bens precio-
sos a cães e porcos sem que primeiro cheguemos a uma conclusão sobre quem se enquadra ou não nessa categoria? Está
claro que Jesus se refere a pessoas que *se comportam* como porcos e cães, que não veem nenhum valor no que temos de mais
precioso, isto é, as coisas de Deus. Para que evitemos profa-
ná-las, precisamos avaliar, analisar, examinar e chegar a uma
conclusão — em outras palavras, julgar — acerca da vida, do
comportamento e das declarações dos que nos cercam.

Fica claro, então, que o Senhor nunca proibiu que julgásse-
mos os outros. O que ele condena é que o façamos de maneira

hipócrita, maldosa e arrogante. Julgar é parte essencial da vida cristã. Somos diariamente chamados a exercer o papel de juízes movidos por amor às pessoas e zelo pelas coisas de Deus.

Quem nunca julga contribui para que o erro se propague e as pessoas continuem equivocadas. Quem não julga mostra que não tem convicções e, por isso, torna-se cúmplice de mentiras, heresias e atos imorais e antiéticos. Paulo disse a Timóteo: "A ninguém imponhas precipitadamente as mãos. Não te tornes cúmplice de pecados de outrem. Conserva-te a ti mesmo puro" (1Tm 5.22). Não consigo imaginar de que maneira Timóteo poderia cumprir tal orientação sem exercer julgamento sobre outros.

Em resumo, julgar não é errado, desde que: a) primeiro examinemos a nós mesmos; b) coloquemo-nos sob o mesmo juízo e estejamos prontos para admitir que somos sujeitos a errar, pecar e dizer bobagem; c) nosso alvo seja ajudar os outros a corrigir o que, porventura, tenham feito ou dito.

"Não toque no ungido do Senhor"

Na Bíblia há várias passagens que contêm expressões iguais ou semelhantes a esta: "Não toque no ungido do Senhor", como: "A ninguém permitiu que os oprimisse; antes, por amor deles, repreendeu a reis, dizendo: Não toqueis nos meus ungidos, nem maltrateis os meus profetas" (1Cr 16.21-22; cf. Sl 105.15). Mas o trecho mais conhecido é aquele em que Davi, pressionado por seu exército a aproveitar a oportunidade de matar Saul na caverna, respondeu: "O SENHOR me guarde de que eu faça tal coisa ao meu senhor, isto é, que eu estenda a mão contra ele, pois é o ungido do SENHOR" (1Sm 24.6). Em outra ocasião, e com o mesmo argumento, Davi impediu que Abisai, homem de sua confiança, matasse Saul, que dormia tranquilamente ao relento: "Não o mates, pois quem haverá que estenda a mão contra o ungido do SENHOR e fique inocente?" (26.9). Davi de tal forma respeitava Saul que não perdoou o assassino do rei: "Como não temeste estender a mão para matares o ungido do SENHOR?" (2Sm 1.14).

Essa relutância de Davi em matar Saul por esse ser o ungido do Senhor tem sido interpretada por muitos evangélicos como um princípio bíblico aplicável a líderes eclesiásticos de nossos dias. Esses evangélicos consideram que pastores, bispos e apóstolos sejam ungidos do Senhor e que, portanto, não se pode levantar a mão contra eles, isto é, não se pode acusá-los, contradizê-los, questioná-los, criticá-los e muito menos mover

qualquer ação contrária a eles. A unção do Senhor funciona-
ria como uma espécie de proteção e imunidade concedida por
Deus. Ir contra esses supostos ungidos seria ir contra o próprio Deus. Mas será que é isso mesmo o que a Bíblia ensina?

A expressão "ungido do Senhor", usada nas Escrituras em
referência aos reis de Israel, advém do fato de que esses mo-
narcas eram oficialmente escolhidos e designados por Deus
para ocupar o cargo mediante unção feita por um juiz ou profeta. Na ocasião, derramava-se óleo sobre a cabeça do novo rei
a fim de separá-lo para o cargo. Foi o que Samuel fez com Saul
(1Sm 10.1) e depois com Davi (16.13).

Davi não queria matar Saul porque reconhecia que esse,
mesmo de forma indigna, ocupava um cargo designado por
Deus. Davi não queria ser culpado de matar alguém que rece-
bera a unção real.

Mas o que não se pode ignorar é que esse respeito pela vida
de seu opositor não impediu Davi de confrontar Saul nem de
acusar o rei de injustiça e perversidade por persegui-lo sem causa (24.15). Davi não queria matar Saul, mas pediu a Deus, diante de todo o exército de Israel, que agisse como juiz contra o rei
e castigasse Saul, vingando a ele mesmo (v. 12). Davi também
dizia a seus aliados que a hora de Saul estava por chegar, pois
o próprio Deus haveria de matá-lo por seus pecados (26.10).

O salmo 18 é atribuído a Davi, que o teria composto "no dia
em que o SENHOR o livrou de todos os seus inimigos e das mãos
de Saul". Não podemos ter plena certeza da veracidade dessa
epígrafe, mas existe a grande possibilidade de que ela reflita
o exato momento histórico em que o salmo foi criado. Sendo
assim, o que vemos é Davi compondo um salmo de gratidão a
Deus por tê-lo livrado do "homem violento" (v. 48) e por ter
tomado vingança dos que o perseguiam (v. 47).

Em resumo, Davi não desejava ser o algoz do ímpio rei
Saul pelo fato de esse ter sido ungido rei pelo profeta Samuel.

Todavia, isso não impediu Davi de enfrentar Saul, confrontá-lo, invocar o juízo e a vingança de Deus contra ele e entregá-lo às mãos divinas para que, a seu tempo, o Senhor o castigasse devidamente por seus pecados.

Diante disso, como pode alguém tomar a postura de Davi em relação a Saul como base para esse estranho conceito de que não se pode questionar, confrontar, contradizer e mesmo enfrentar com firmeza autoridades eclesiásticas que se mostram repreensíveis na doutrina e na prática?

Não há dúvida de que nossos líderes espirituais merecem todo o nosso respeito e confiança, e que devemos acatar a autoridade com que foram revestidos — enquanto, é claro, estiverem submissos à Palavra de Deus, pregando a verdade e andando de maneira digna, honesta e insuspeita. Quando se tornam repreensíveis, devem ser corrigidos e admoestados. Ao referir-se a presbíteros (bispos e pastores) que se desviam da verdade, Paulo orienta Timóteo da seguinte maneira: "Não aceites denúncia contra presbítero, senão exclusivamente sob o depoimento de duas ou três testemunhas. Quanto aos que vivem no pecado, repreende-os na presença de todos, para que também os demais temam" (1Tm 5.19-20).

Os "que vivem no pecado" são os presbíteros mencionados no versículo 19. E Paulo afirma que eles devem ser repreendidos publicamente.

Contudo, o que impressiona mesmo é o fato de os apóstolos de Jesus Cristo nunca terem recorrido à "imunidade da unção" ao serem acusados, perseguidos e vilipendiados pelos próprios crentes. O melhor exemplo é o do próprio Paulo, ungido por Deus para ser apóstolo dos gentios. Quantos sofrimentos ele não passou nas mãos dos crentes da igreja de Corinto, seus próprios filhos na fé? Reproduzo apenas uma passagem de sua primeira carta a eles, na qual revela toda a ironia, o veneno e o sarcasmo com que o tratavam:

Já estais fartos, já estais ricos; chegastes a reinar sem nós; sim, tomara reinásseis para que também nós viéssemos a reinar convosco. Porque a mim me parece que Deus nos pôs a nós, os apóstolos, em último lugar, como se fôssemos condenados à morte; porque nos tornamos espetáculo ao mundo, tanto a anjos, como a homens. Nós somos loucos por causa de Cristo, e vós, sábios em Cristo; nós, fracos, e vós, fortes; vós, nobres, e nós, desprezíveis. Até à presente hora, sofremos fome, e sede, e nudez; e somos esbofeteados, e não temos morada certa, e nos afadigamos, trabalhando com as nossas próprias mãos. Quando somos injuriados, bendizemos; quando perseguidos, suportamos; quando caluniados, procuramos conciliação; até agora, temos chegado a ser considerados lixo do mundo, escória de todos. Não vos escrevo estas coisas para vos envergonhar; pelo contrário, para vos admoestar como a filhos meus amados. Porque, ainda que tivésseis milhares de preceptores em Cristo, não teríeis, contudo, muitos pais; pois eu, pelo evangelho, vos gerei em Cristo Jesus. Admoesto-vos, portanto, a que sejais meus imitadores.

1Coríntios 4.8-16

Por que nessa queixa de Paulo não se encontra uma repreensão do tipo: "Como vocês ousam se levantar contra o ungido do Senhor?".

Uma vez criticados ou questionados, os verdadeiros ungidos para o trabalho pastoral não reagem silenciando as ovelhas com um mero "Não me toque porque sou ungido do Senhor", mas com trabalho, argumentos, verdade e sinceridade. "Não toque no ungido do Senhor" é apelação de quem não tem argumento nem exemplo para dar como resposta.

segunda parte

Jesus e religião

O cristianismo é o maior inimigo de Jesus?

Encontrei por várias vezes nas redes sociais a afirmação de que o cristianismo é o maior inimigo de Jesus. O problema dessa alegação é que ela não define nem Jesus nem o cristianismo. Existem muitas concepções acerca de Cristo e mais ainda acerca da religião cristã. Assim, essa afirmação pode ter muitos significados diferentes.

Por exemplo, se o autor for um *desigrejado* — do tipo que quer Jesus mas não a igreja institucional —, para ele, ao que parece, o Messias era uma espécie de líder informal de um grupo desorganizado de pescadores. Após a ascensão do Mestre, esses pescadores teriam se multiplicado em outros grupos, que se reuniam em qualquer lugar, sem liderança, sem estrutura nenhuma. Em tais reuniões, as coisas aconteciam sem planejamento, ao sabor do "Espírito", sem normas nem críticas; o amor predominava e bastava. Para autores dessa vertente, o cristianismo não passa de uma religião que deturpou completamente o propósito desse grupo informal de andarilhos, pois construiu templos, instituiu ofícios, estruturou liturgias, organizou-se hierarquicamente, fixou credos doutrinários e confissões de fé, estabeleceu a disciplina eclesiástica e criou normas. Assim, desviou-se de Jesus e de sua mensagem simples. E, por usar o nome de Cristo — sendo uma religião que nada tem a ver com ele —, nada mais é que seu pior inimigo.

O problema dessa conceituação é que o *desigrejado* parece não somente desconhecer Jesus, mas também ignorar o cristianismo histórico. Sim, pois pouco havia de informal no modo como Jesus organizou seus discípulos; além disso, o cristianismo nem sempre fez de sua estrutura e organização meros fins em si mesmos.

Por outro lado, se o autor da frase for um liberal — daquele tipo que diferencia o Jesus da História do Cristo da fé —, para ele Jesus era um reformador judeu, à semelhança dos antigos profetas, que queria reformar o judaísmo de seus dias e restabelecer o que se perdera no período dos macabeus, a saber, a piedade prescrita na Torá. No entendimento dos que seguem essa vertente, o cristianismo foi fundado por um judeu, seguidor de Jesus, chamado Saulo, natural de Tarso, que teria tomado alguns ensinamentos de Cristo e acrescentado interpretações próprias acerca da pessoa de Jesus. Ele, então, teria reformulado tais ideias, adaptando-as a conceitos de que já dispunha, oriundos das religiões gregas e do gnosticismo. Portanto, na visão de autores desse grupo, o fundador do cristianismo é Paulo, e essa religião é diferente e distinta daquilo que Jesus ensinou. Assim, ao estabelecer o cristianismo fundamentado no Cristo da fé, Paulo teria tornado esse Cristo o maior inimigo do Jesus histórico.

O problema do liberal é que ele rejeita não apenas a perspectiva que os evangelhos canônicos nos oferecem acerca de Jesus, como também a autoria paulina da maioria das cartas atribuídas ao apóstolo. O liberal reconstrói o cenário do cristianismo primitivo tomando por base as religiões pagãs, o gnosticismo e os evangelhos apócrifos.

Os quatro evangelhos deixam claro que, para serem atendidas, determinadas instruções de Cristo aos discípulos exigiriam alguma medida de organização, estruturação, hierarquia e formalização. Assim, por orientação de Jesus, a Igreja cristã já nasceu estruturada e organizada. Não me refiro a templos, organistas, liturgia fixa ou algo do gênero. Sim, essas coisas foram acrescentadas ao longo do tempo, mas não são necessárias. O que eu quero dizer é que, já em seus primórdios, de acordo com o livro de Atos e as cartas dos apóstolos, a Igreja cristã envolvia liderança, confissões, hierarquia, ofícios, dois sacramentos (ou ordenanças) — ceia e batismo —, além do exercício da disciplina. E isso configura uma organização, isto é, um organismo estruturado, que veio a ter o nome de *cristianismo*. Não se tratava, portanto, de uma fraternidade informal que se encontrava para conversar sobre coisas espirituais. Assim, não se pode ser contra o cristianismo somente porque é organizado.

Concordo que no cristianismo existem normas, liturgias e práticas desnecessárias, mas isso não quer dizer que não haja um grau de organização — o que inclui regras — determinado por Deus para a Igreja. Pensar que a Igreja de Cristo não tem um mínimo de ordem é advogar a anarquia eclesiástica.

O cristianismo só é o maior inimigo de Jesus quando deixa de professá-lo como Senhor e Salvador, quando nega sua morte vicária na cruz por nossos pecados, quando rejeita sua ressurreição e sua segunda vinda, quando usa seu nome a fim de arrecadar dinheiro para enriquecimento pessoal ou para autopromoção. O cristianismo se opõe a Jesus quando se torna secular e mundano e deixa de ser sal e luz. Condenar de forma generalizada os adeptos do cristianismo, tachando-os de inimigos de Jesus, é um ato de profunda ignorância.

Jesus odeia religião?

Frases de efeito do tipo "Jesus é maior do que a religião" ou "Eu sigo Jesus; cristianismo é religião" não ajudam muito. Elas precisam de algumas definições para fazer sentido. Infelizmente, afirmações como essas são postadas em redes sociais, divulgadas em artigos na internet ou mesmo publicadas em livros sem que sejam esclarecidas pelos devidos argumentos.

Certa vez, deparei com a seguinte afirmação: "Jesus odeia religião". Conheço quem afirmou isso e sei em que sentido o fez. E concordo com essa pessoa, com base no sentido que ela pretendeu dar à sua frase. Mas, como há muita gente que não sabe nem quem é Jesus, nem o que é religião, talvez seja melhor esclarecer alguns pontos.

A religião que Jesus "odiou" foi o judaísmo legalista e farisaico de sua época, por se tratar de uma *distorção* da religião que Deus havia revelado a Israel e pela qual os profetas tanto lutaram. E pode-se verificar essa distorção ao longo de toda a história de Israel. Antes do cativeiro babilônico, a religião judaica foi deturpada e tornou-se uma espécie de sincretismo: apesar de Javé ser o único Deus verdadeiro, os judeus também adoravam Baal e outros ídolos pagãos. Contudo, ao que parece, a deportação para a Babilônia os curou da idolatria pagã. Pouco depois, com o movimento dos macabeus e a resistência às tentativas de helenização, surgiram os fariseus e seus escribas. Em reação aos intentos helenísticos dos dominadores gregos, os fariseus criaram leis e mais leis — além daquelas deixadas por Moisés — com a finalidade de manter Israel cada vez mais separado dos outros povos. Os rabinos, isto é, os mestres judeus, transformaram em lei a graciosa revelação que Deus fez acerca de si mesmo; assim, instituíram uma religião legalista e baseada no mérito pessoal e coletivo. Logo, não se pode dizer que Jesus é contra a religião propriamente dita, mas que ele refuta correntes religiosas legalistas, meritórias e contrárias à Palavra de Deus. E, certamente, o cristianismo autêntico, que nasceu com Jesus, não pode ser incluído entre elas.

Também é importante lembrar que Jesus tomou parte em tudo o que julgava apropriado na religião de seu tempo, isso porque, embora o judaísmo do primeiro século tenha acrescentado muitas coisas ao que Moisés ensinara — e interpretado erroneamente outros aspectos da lei mosaica —, ainda retinha muito da revelação original de Deus, preservada nas Escrituras hebraicas. Jesus, portanto, não apenas se submeteu a várias ordenanças da religião sob a qual nasceu, como foi incisivo ao praticá-las: foi circuncidado; passou pelo batismo nas águas, por intermédio de João; frequentou o templo durante as festas religiosas; encaminhou ao sacerdote aqueles a quem curou, para que se cumprissem as determinações legais; orou; deu esmolas; pagou o imposto do templo; e celebrou a Páscoa com seus discípulos. Portanto, é um exagero dizer "Jesus odeia religião" sem fazer constar os devidos esclarecimentos.

E tem mais. Depois da morte, da ressurreição e da ascensão de Jesus, bem como da descida do Espírito Santo no dia de Pentecostes, os apóstolos logo se organizaram em comunidades, elegeram líderes, elaboraram declarações de fé, escreveram livros que constituiriam as Escrituras, recolheram ofertas, estabeleceram locais de reunião — ou seja, manifestaram tudo o que caracteriza uma religião. Em certo sentido, então, é possível afirmar que o cristianismo é, sim, uma religião, visto que preserva aspectos comuns às religiões. É claro que para nós, cristãos, o cristianismo é a única religião verdadeira, pois somente nele Deus se revela na mediação de seu Filho, Jesus Cristo, o único caminho para o Pai.

Por fim, não se pode negar que no decorrer dos séculos o cristianismo foi amplamente corrompido, sucumbiu diante do poder e das riquezas, misturou-se com o Estado, desfigurou-se, perdeu de vista sua missão e sua vocação. Mas, toda vez que isso ocorreu, o cristianismo deixou de ser a religião verdadeira para ser uma religião falsa. Assim, o correto é dizer que Jesus odeia o legalismo religioso, sobretudo aquele que se instala dentro do cristianismo. Errado e injusto é afirmar que Jesus se opõe a toda e qualquer forma de cristianismo e oferecer como justificativa frases de efeito do tipo "Jesus odeia religião".

Cabe a nós cuidar para que nosso relacionamento com o Senhor seja baseado em sua Palavra e manter nossa consciência cativa a seus preceitos, em vez de nos deixar levar por ensinamentos humanos.

Em busca do Jesus histórico, novamente

Já virou tradição, em períodos próximos à Páscoa, revistas de grande circulação, nacionais e estrangeiras, publicarem matérias de capa sobre as mais recentes descobertas de pesquisas acadêmicas sobre o "verdadeiro" Jesus, pesquisas essas levadas a efeito sobretudo por estudiosos de linha teológica liberal — aquela que não acredita que a Bíblia seja a infalível e inerrante Palavra de Deus.

Em certo sentido, o empreendimento não é original. No livro *A busca do Jesus histórico*,[1] publicado originariamente em 1906, Albert Schweitzer descreveu e analisou os esforços despendidos pelos pesquisadores liberais para reconstruir a vida de Jesus. O propósito dessa obra, que marcou época nos meios acadêmicos ligados ao estudo dos evangelhos, era avaliar as investigações acerca da biografia de Jesus conduzidas a partir dos anos 1600.

Durante séculos, estudiosos tentaram reconstruir o Jesus da História com base nos pressupostos da teologia liberal; porém, não tiveram resultados muito positivos. O Jesus reconstruído por esses investigadores parecia mais o fruto da obstinação liberal do que a conclusão de uma pesquisa científica séria. Os trabalhos de Rudolph Bultmann e Karl Barth puseram um fim honroso a essa busca agonizante e a declararam uma empreitada inútil. Bultmann convenceu uma geração inteira de estudiosos de que o Jesus histórico estava tão soterrado nos evangelhos, debaixo dos "mitos" criados pela Igreja nascente, que os teólogos deveriam abandonar as esperanças de achá-lo e dedicar-se ao Cristo da fé.

Mas a ideia não morreu. Em nossos dias também testemunhamos análises desse tipo conduzidas por gente que não acredita na historicidade dos evangelhos. São pessoas que têm a pretensão de achar a "verdade" por trás dos relatos bíblicos.

Exemplo disso é o caso do grupo de 75 estudiosos, de diversas orientações religiosas, que em 1985 fundou o chamado Seminário de Jesus. O grupo se reúne regularmente para levar adiante a "busca pelo verdadeiro Jesus". Seus pressupostos são basicamente os mesmos dos que empreenderam a "busca" antes deles, ou seja, alegam que o retrato de Jesus revelado nos evangelhos é uma caricatura altamente produzida pelo que o antropólogo Lévi-Strauss chamou, nos anos 1960, de "mito". Para Lévi-Strauss, mito era uma ideia religiosa apresentada como se fosse história, o que se dava mediante o poder do inconsciente humano de criar lendas em torno de personalidades históricas. Os escritores dos evangelhos, no caso, eram influenciados pela reflexão que faziam acerca do Antigo Testamento. Assim, muitos dos mitos sobre Jesus reproduziriam os mitos cultivados por esses autores.

Em outras palavras, segundo os integrantes do Seminário, o que temos nos evangelhos não é um retrato do Jesus que realmente existiu, mas do que teria sido criado pela fé e pela teologia. Para chegar ao Jesus verdadeiro, seria necessário "limpar" os evangelhos dos acréscimos incorporados pela fé que caracterizava a Igreja nascente. É a esse trabalho de "limpeza" que se dedicam os membros do Seminário.

Em 1993, o grupo publicou um livro para divulgar os resultados de suas pesquisas. A obra, intitulada *The Five Gospels* [Os cinco evangelhos],[2] afirma que somente 19% das palavras atribuídas a Jesus são realmente dele. Essas e outras conclusões têm sido difundidas por meio de relatórios periódicos publicados pelo Seminário em jornais de grande circulação. Portanto, o que o Seminário de Jesus faz de diferente em relação a outras "buscas" é trazer a discussão ao conhecimento do povo. Antes, investigações desse tipo eram restritas aos meios acadêmicos.

O que nos impressiona, na realidade, é que os modernos pesquisadores do Seminário tiveram um passado "evangélico", ou mesmo conservador, antes da "virada". Robert Funk, por exemplo, um dos fundadores e líder do grupo, foi um jovem pregador avivalista no Texas. O Jesus que ele agora prega está liberado dos acréscimos artificiais de séculos de tradição eclesiástica, conforme confessa. O Jesus de Funk é uma espécie de Sócrates judaico, uma combinação de sábio secular, crítico social e comediante, que nunca teve a intenção de fundar uma religião. Marcus Borg, por sua vez, foi pastor luterano por muitos anos e admite que se tornou ateu e agnóstico já durante esse período. O Jesus em que ele hoje acredita foi um crítico cultural radical, transformado pelos discípulos, depois da "ressurreição", em uma pessoa-espírito mística.

John Crossant, vice-presidente do grupo, deixou a batina e a Igreja Católica em 1969, embora ainda se considere católico. Na opinião dele, os evangelhos são historicamente inexatos na maior parte do que afirmam sobre Jesus. Para Crossant, ser cristão é ser poderosamente influenciado pela vida de Jesus. Mas, então, cabe a pergunta: Qual vida de Jesus?

Algumas críticas podem ser feitas a esse projeto de busca do Jesus histórico levado a efeito pelos pesquisadores do Seminário de Jesus. Em primeiro lugar, o pressuposto que delineia a busca é o racionalismo, exatamente como em pesquisas anteriores: a razão é usada como critério máximo para determinar a historicidade (ou falta dela) dos relatos dos evangelhos. Assim, o Seminário aborda a Bíblia como se ela fosse uma obra equivalente aos livros sagrados de outras religiões, com

elementos mitológicos e lendas. Segundo, a natureza das ferramentas críticas utilizadas é altamente especulativa. É o caso
da crítica da forma, um tipo de análise bíblica que procura explicar o surgimento de determinadas narrativas como sendo
produção da comunidade da fé. Terceiro, entre os pesquisadores liberais não há consenso quanto ao Jesus que procuram
reconstruir. Exatamente por causa do alto nível de especulação, o Jesus reconstruído pelo grupo continua se mostran-
do menos que convincente. Esses estudiosos se gabam de ter
liberado o Cristo da fé, mas não apresentam nenhum Jesus
histórico que seja realmente plausível e que explique o surgimento da Igreja cristã.

Finalmente, é certo que nossa fé não depende de resultados de pesquisas históricas. Na verdade, nossa fé depende da
realidade histórica dos fatos acerca de Jesus. Tanto a historicidade dos milagres de Cristo como a de sua ressurreição fun-
damentam a fé cristã. Embora não tivessem obviamente uma
percepção moderna da História, os escritores do Novo Testamento estavam plenamente conscientes do caráter histórico
da fé que descreviam.

O que esta discussão tem a ver com a realidade evangélica
brasileira? Bastante, especialmente porque, em muitos seminários e escolas de teologia, as mesmas ferramentas utilizadas
pelos empreendedores — antigos e atuais — da tal "busca" são
empregadas sem crítica. Um professor de um desses seminários, por exemplo, utilizou a crítica da forma, em sua tese de
mestrado, para provar que o discurso de Pedro no dia de Pentecostes é, na realidade, uma elaboração da comunidade luca-
na — segundos alguns autores, a "responsável" pela confecção
dos livros de Lucas e de Atos —, que pretendia validar seus
argumentos pondo-os na boca de Pedro.

No Brasil, o ressurgimento do antigo liberalismo em seminários e escolas de teologia está produzindo uma geração de

pastores e estudiosos que, à semelhança dos liberais alemães e dos integrantes do Seminário de Jesus, perderam a fé no Jesus histórico. A diferença é que, nos Estados Unidos, os estudiosos dessa vertente são, em geral, profissionais que se dedicam exclusivamente a esse tipo de pesquisa, e os resultados de suas investigações costumam permanecer apenas no nível acadêmico onde circulam. Mas, aqui no Brasil, por questões financeiras, os professores de seminário, em sua maioria, são também pastores de igrejas locais. E a distância entre o gabinete de estudos para o púlpito é muito pequena.

A busca pelo Jesus histórico empreendida pela erudição liberal continuará. Não precisamos ser profetas para predizer que não acharão o Cristo que procuram. Ele já está diante dos olhos desses estudiosos, nas páginas dos evangelhos, mas os pressupostos céticos que os movem também os impedem de vê-lo.

Onde Jesus esteve quando tinha entre 13 e 30 anos?

De vez em quando reencontro, em tabloides ou blogues, a velha teoria de que Jesus teria vivido em países estrangeiros quando tinha entre 13 e 30 anos. Nesse período, ele teria aprendido mágica, filosofia e alquimia, antes de se apresentar em Israel como o Messias esperado pelos judeus. Vários evangelhos apócrifos são mencionados como fonte para essa especulação.

Geralmente, a leitura de textos que defendem essa teoria é entediante, além de revelar a mais completa ignorância quanto aos estudos bíblicos e arqueológicos relacionados a Jesus. São artigos semelhantes às publicações sensacionalistas que todo ano se aproveitam das festividades cristãs, como o Natal, para chamar a atenção de curiosos e ignorantes com postulados absurdos sobre a vida de Cristo.

A razão pela qual os evangelhos não nos dizem nada sobre esse período está no fato de não serem biografias no sentido moderno do termo, nas quais se relata toda a história de vida do biografado, desde o nascimento até a morte, com detalhes de sua infância, adolescência, mocidade, vida adulta e velhice. Os evangelhos, como o nome já diz, foram escritos para evangelizar, para anunciar as boas-novas da salvação mediante a morte e a ressurreição de Jesus Cristo. Portanto, quanto à vida do Messias, o que interessa aos evangelhos é seu nascimento sobrenatural, para estabelecer de início a sua divindade; seu ministério público a partir dos 30 anos, quando fez sinais e prodígios e ensinou às multidões; e sua morte e ressurreição, que são a base da salvação por ele oferecida. Não há nenhum interesse biográfico na adolescência e na mocidade de Jesus, pois nesse intervalo ele viveu e cresceu como um rapaz comum.

Mesmo assim, algumas informações contidas nos evangelhos canônicos — Mateus, Marcos, Lucas e João — nos deixam reconstruir, ainda que parcialmente, esse período da vida de Jesus que passa sem registro direto. Lemos que, quando Jesus começou a fazer milagres e a ensinar em sua cidade, Nazaré, isso provocou bastante estranhamento entre os moradores locais, pelo fato de que conheciam Jesus desde a infância:

> E, chegando à sua terra, ensinava-os na sinagoga, de tal sorte que se maravilhavam e diziam: Donde lhe vêm esta sabedoria e estes poderes miraculosos? Não é este o filho do carpinteiro? Não se chama sua mãe Maria, e seus irmãos, Tiago, José, Simão e Judas? Não vivem entre nós todas as suas irmãs? Donde lhe vem, pois, tudo isto? E escandalizavam-se nele. Jesus, porém, lhes disse: Não há profeta sem honra, senão na sua terra e na sua casa. E não fez ali muitos milagres, por causa da incredulidade deles.
>
> Mateus 13.54-58

Essa passagem permite notar que os nazarenos conheciam Jesus e toda a sua família. Se ele tivesse passado esses 27 anos fora da cidade, certamente não haveria tal reação.

Além do mais, o ensino de Jesus acerca da lei de Moisés, dos mandamentos e do reino de Deus, bem como suas parábolas e ilustrações, são extraídos do judaísmo, do Antigo Testamento e de costumes observados nas terras da Palestina. Jesus está familiarizado com a agricultura, o cuidado de ovelhas, o mercado, os sistemas financeiro e legislativo vigentes naquela região. Isso seria impossível se ele tivesse passado todos aqueles anos recebendo treinamento teológico e místico em outro país, vivendo em outra cultura, experimentando outra religião. No ensino de Cristo, não há absolutamente nada que tenha derivado da religião egípcia, persa, mesopotâmica ou hindu, todas elas caracterizadas pelo politeísmo e pelo panteísmo. Pelo contrário, o ensino de Jesus é monoteísta e criacionista.

Existem várias lendas tolas acerca da infância do Messias, extraídas de textos apócrifos, particularmente as chamadas "narrativas da infância de Jesus". As mais conhecidas são: o Protoevangelho de Tiago; o Evangelho de Tomé, o Israelita; o Livro da Infância do Salvador; a História de José, o Carpinteiro; o Evangelho Árabe da Infância; a História de José e Asenate; e o Evangelho Pseudo-Mateus da Infância.

Escrito no segundo século, o Protoevangelho de Tiago, que descreve o nascimento e a infância de Jesus e a juventude da virgem Maria, é uma típica tentativa de satisfazer a curiosidade popular em torno de questões omitidas pelos evangelhos canônicos. A teologia desse "evangelho" nada mais é que um docetismo popular: Jesus tem um corpo não sujeito às leis do espaço e do tempo. Esse registro não tem valor como fonte histórica sobre Jesus.

É preciso dizer que muitos desses escritos apócrifos foram compostos por autores cristãos desconhecidos, não gnósticos, e aparentam refletir um tipo de cristianismo popular marginal. A maior parte deles pretende suprir a falta de informação histórica dos evangelhos canônicos, fornecendo detalhes sobre a infância de Jesus, diálogos dele com os apóstolos, informações sobre Maria e demais personagens mencionados nos evangelhos tradicionais. Em alguns casos, parecem ter sido escritos para defender doutrinas não apostólicas que começavam a ganhar corpo dentro do cristianismo, como o conceito de que Maria é mãe de Deus e mediadora entre Deus e os homens. O Protoevangelho de Tiago, por exemplo, explica que Maria foi escolhida por causa de sua virgindade e santidade e a defende como mãe de Deus e intercessora entre o divino e os humanos. Alguns desses relatos contêm exemplos morais não recomendáveis. Por exemplo, o Evangelho de Tomé, o Israelita, narra diversos episódios em que o menino Jesus amaldiçoa e mata quem obstrui seu caminho. Quase todos esses textos são recheados de histórias lendárias e disparatadas, como o Evangelho de Nicodemos, que narra como José de Arimateia, Nicodemos e os guardas do sepulcro se tornaram testemunhas da ressurreição de Jesus. É um livro cheio de histórias fantasiosas.

Desde cedo a Igreja cristã rejeitou essas obras, pois não preenchem o critério de canonicidade: não foram escritas pelos apóstolos nem por alguém ligado a eles, contradizem a doutrina cristã, contêm exemplos e recomendações morais e éticas pouco recomendáveis, e seus escritores falsamente atribuíram a autoria aos apóstolos, como ocorreu com os "evangelhos" de Tomé, Pedro, Bartolomeu e Filipe. Além do mais, suas histórias fantásticas acerca de Cristo claramente revelam caráter especulativo e supersticioso, ao contrário da sobriedade e da seriedade dos evangelhos bíblicos. Não é de admirar, portanto, que esses registros não apareçam em nenhuma das listas canônicas.

No fundo, tais especulações derivam da rejeição do quadro simples e claro que os evangelhos nos apresentam acerca de Jesus: verdadeiro Deus e verdadeiro homem, que nasceu, viveu e morreu para que recebêssemos o perdão de nossos pecados e tivéssemos acesso à vida eterna.

terceira parte

O amor de Deus e a realidade do inferno

No fim todos serão salvos?

Os universalistas acreditam que sim. Eles criticam o cristianismo tradicional e histórico tomando como justificativa uma suposta manipulação das massas por parte dos primeiros líderes cristãos e uma bem construída teoria conspiratória que remontaria aos primeiros séculos da tradição cristã. De acordo com tal teoria, a Igreja primitiva teria criado a ideia do inferno eterno, conceito esse que, segundo eles, não possui base bíblica. Os universalistas defendem o que em teologia se costuma chamar de *apokatastasis* ("restauração"), termo grego tirado de Atos 3.21. Ali, Pedro fala da "restauração de todas as coisas". Apesar de o apóstolo estar se referindo à restauração do Universo, os universalistas entendem que a salvação de toda a raça humana está incluída no processo. O universalismo, portanto, é a crença de que, ao final da história deste mundo, Deus haverá de salvar todos os seres humanos, reconciliando-os consigo mediante Jesus Cristo. Nessa crença, não há lugar para a doutrina da punição eterna, a saber, a ideia de um inferno onde os pecadores condenados haverão de sofrer eternamente por seus pecados.

É importante, desde já, fazer a distinção entre universalismo e doutrina da aniquilação. Os que creem nessa segunda corrente — aí incluídos grupos de adventistas do sétimo dia e seguidores da Sociedade Torre de Vigia, ou testemunhas de Jeová — não acreditam na salvação de toda a humanidade, mas preveem a punição dos ímpios, com a aniquilação da alma por ocasião da morte ou pouco depois dela. Negam, assim, o sofrimento eterno no inferno. Embora defenda a aniquilação da alma como castigo dos ímpios, essa corrente acaba tendo efeito prático idêntico ao do universalismo. Afinal, se a punição pelos pecados, por mais graves que sejam, é simplesmente deixar de existir, o indivíduo tende a sentir-se livre para praticar todo tipo de iniquidade, da mesma forma como se soubesse que, depois da morte, será salvo de um modo ou de outro. O que os defensores desses dois pensamentos têm em comum é a negação enfática de que haverá algum sofrimento após o fim da vida física humana.

Muitos podem pensar que o universalismo é coisa recente de pastores modernos. Todavia, a salvação universal é uma ideia muito antiga. O conceito já existia entre os mestres gnósticos primitivos e constituiu uma heresia que ameaçou o cristianismo no primeiro século. Nos séculos seguintes, pais da Igreja, como Clemente de Alexandria e seu famoso discípulo Orígenes, defendiam explicitamente o universalismo. Orígenes chegava a acreditar que o próprio diabo seria salvo no final. Muitos outros líderes desse período também defenderam tal ideia, que foi veementemente combatida por Agostinho. O Quinto Concílio Ecumênico, realizado em 553, condenou as ideias de Orígenes como heresia. Já na Reforma do século 16, Lutero, Calvino e os demais protagonistas das mudanças na Igreja igualmente rejeitaram o conceito de salvação universal no final. Essa posição dos reformadores é notória nas grandes confissões de fé escritas no pós-Reforma. Todavia, na época do movimento propriamente dito, e também depois, o universalismo continuou sendo defendido por alguns anabatistas da ala radical, embora os menonitas não tenham persistido em abraçar a ideia.

No século 17, o universalismo exerceu forte influência nas colônias dos Estados Unidos, por atuação do médico George de

Beneville, pietista radical considerado o pai do universalismo americano. Ao mesmo tempo, na Inglaterra, os preceitos universalistas se espalharam por meio de algumas seitas que se desligaram do calvinismo puritano e do movimento avivalista de John Wesley e George Whitefield. A primeira organização universalista foi a chamada União, fundada na Inglaterra, em 1759. Seus adeptos defendiam que todas as almas estavam em união com Cristo e que, portanto, a morte sacrificial do Filho de Deus trouxe salvação a todos os seres humanos, e não somente a uns poucos eleitos. Nos Estados Unidos, a primeira igreja universalista foi organizada em Massachusetts, em 1779. No século 19, a doutrina se disseminou em terras americanas como movimento organizado, e esse chegou mesmo a estabelecer escolas teológicas e a lançar publicações de teor catequista.

O século 20 encontrou o universalismo na posição de um dos mais importantes ramos do liberalismo teológico europeu. Àquela altura, o movimento já se alastrava entre as denominações americanas. Clarence Skinner foi o mais famoso teólogo liberal dos Estados Unidos a defendê-lo na época. Os liberais foram ainda além, rejeitando a divindade de Jesus — postura que muitos universalistas não haviam adotado — e promovendo o unitarismo (negação da Trindade), bem como o ecumenismo com todas as grandes religiões mundiais. A posição não era nada contraditória, já que acreditavam firmemente na generosa salvação de todos, independentemente de crença. Convém lembrar que os liberais rejeitavam a inspiração da Bíblia, a ressurreição literal de Cristo dentre os mortos e a veracidade dos milagres narrados nas Escrituras. No entanto, nem todos os universalistas no século 20 eram necessariamente defensores do unitarismo. Karl Barth, o pai da neo-ortodoxia, parece ter acreditado no universalismo, embora não o ensine diretamente em sua famosa *Die Kirchliche Dogmatik* [Dogmática eclesiástica].[1] O universalismo de Barth parece decorrer de sua doutrina da dupla predestinação, isto é, a crença de que, em Cristo, o representante de todos os homens, adoção e condenação se fundem.

Embora seja possível encontrar defensores do conceito da salvação final de toda a humanidade entre as alas mais conservadoras dos evangélicos, o universalismo, em nossos dias, está muito mais associado a teólogos liberais e neo-ortodoxos, alguns conhecidos no Brasil por meio de comentários e livros traduzidos. É o caso de Friedrich Schleiermacher, Ernst Käsemann, Emil Brunner, Rudolf Bultmann, Charles Barrett e Eugene Boring, para citar alguns. Foi por intermédio das obras desses liberais, e das de alguns outros, que o universalismo chegou ao Brasil.

A diversidade de teóricos é demonstração clara de que o universalismo não é um movimento monolítico. Há nele diversas correntes que divergem em vários pontos, mas concordam no ponto central: o de que não há uma condenação eterna no inferno. Sendo assim, a implicação é que, ao final da História, a humanidade como um todo será reconciliada com Deus, e ninguém será eternamente punido por seus pecados. Não são poucos os argumentos usados para defender tal concepção. De acordo com os universalistas, há diversas passagens na Bíblia, especialmente nas cartas de Paulo, que apresentam uma perspectiva da derradeira salvação geral. A mais conhecida seria o texto de Romanos 5.12-21, no qual Paulo compara Adão e Cristo, bem como os resultados de suas respectivas obras. A salvação de todos parece ser defendida pelo apóstolo especialmente no versículo 18: "Pois assim como, por uma só ofensa, veio o juízo sobre todos os homens para condenação, assim também, por um só ato de justiça, veio a graça sobre todos os homens, para a justificação que dá vida".

Todavia, não se pode interpretar a analogia entre Adão e Cristo de forma simétrica, pois é claro que, para Paulo, a salvação só se efetiva mediante a fé em Jesus. Aliás, esse é um dos temas centrais de Romanos, que enfatiza que a salvação, tanto para judeus quanto para gentios, se dá exclusivamente pela fé em Jesus. Assim, a expressão "todos os homens" registrada em Romanos 5.12 corresponde a todos os que são justificados pela fé em Cristo — e não a totalidade dos indivíduos da raça humana, a despeito de sua reação ao convite da graça.

Em 2Coríntios 5.19, lemos: "Deus estava em Cristo reconciliando consigo o mundo, não imputando aos homens as suas transgressões". Na interpretação universalista, aqui Paulo trata da totalidade da reconciliação final. Todavia, o restante do versículo diz: "e nos confiou a palavra da reconciliação". E, no versículo seguinte, o apóstolo faz um apelo: "De sorte que somos embaixadores em nome de Cristo, como se Deus exortasse por nosso intermédio. Em nome de Cristo, pois, rogamos que vos reconcilieis com Deus". Portanto, a reconciliação do mundo feita por Cristo e mencionada por Paulo precisa ser anunciada e recebida pela fé para se tornar realidade na vida dos que creem. Quem não crer estará fora dessa reconciliação e, portanto, será condenado.

Os universalistas também alegam que outras passagens falam de Cristo como o Senhor cósmico, que todos reconhecerão e confessarão e a quem todos por fim se sujeitarão. Filipenses 2.10-11 afirma que Deus o exaltou "para que ao nome de Jesus se dobre todo joelho, nos céus, na terra e debaixo da terra, e toda língua confesse que Jesus Cristo é Senhor, para glória de Deus Pai". Os universalistas entendem que apenas os salvos é que sincera e voluntariamente poderão tomar tais atitudes diante do Senhor e, como é dito que toda a humanidade o fará, presumem que toda ela será salva. Contudo, o texto não traz nenhuma exigência de que tal submissão e confissão sejam feitas de coração ou boa vontade. Paulo pode muito bem ter se referido ao fato de que até mesmo os condenados terão de concordar — ainda que de má vontade — que o Filho de Deus é realmente o Senhor de tudo e de todos.

Nessa mesma linha, os universalistas citam outras passagens que parecem afirmar a reconciliação final e incondicional de todas as coisas com Deus, por meio de Jesus. Entre elas destacam-se Efésios 1.10 e Colossenses 1.20. No texto aos crentes de Éfeso, Paulo afirma que é propósito de Deus "fazer convergir nele [Cristo], na dispensação da plenitude dos tempos, todas as coisas, tanto as do céu como as da terra". Tal convergência cósmica a Jesus, segundo os universalistas, implica a redenção de todos. A mesma afirmação se observa na passagem de Colossenses, segundo a qual, pelo sangue da cruz, todas as coisas são reconciliadas com Cristo, "quer sobre a terra, quer nos céus". Contudo, a convergência e a reconciliação cósmicas mencionadas nesses textos não amparam a ideia de salvação universal; elas simplesmente indicam que, agora, todas as coisas estão em seu devido lugar: os salvos na glória e os condenados submetidos ao julgamento final e à merecida condenação. O mundo está em perfeita ordem e em paz cósmica, sob a chefia de Cristo.

Outro argumento importante em defesa do universalismo é o fato de a Bíblia descrever Deus como sendo essencialmente amor. A consequência lógica é que o amor de Deus haverá de vencer ao final, salvando todos os homens da condenação merecida por seus pecados. Mas será que a Bíblia diz que o Senhor é *somente* amor? Encontramos no Novo Testamento quatro afirmações sobre o que define Deus, e três delas são feitas pelo apóstolo João: Deus é "espírito" (Jo 4.24); "luz" (1Jo 1.5) e "amor" (4.8,16). A quarta é contundente: "Deus é fogo consumidor" (Hb 12.29; cf. Dt 4.24). É claro que essas afirmações não definem Deus por completo — não há como defini-lo, no sentido estrito do termo —, mas revelam o que ele é em sua natureza. "Deus é amor" significa que ele não apenas é a fonte de todo amor, mas é amor em sua própria essência. É importante, entretanto, reconhecer que, se Deus é amor, ele também é espírito, luz e fogo consumidor. É preciso manter em harmonia esses aspectos do ser divino, pois só assim é possível compreendê-lo como um Senhor que ao mesmo tempo é amor e castiga os ímpios com ira eterna. "Fogo" e "luz" são metáforas, é verdade; porém, metáforas apontam para realidades. No caso em análise, elas querem dizer apenas isto: Deus é santo e verdadeiro; ele se ira contra o pecado e não tolera a mentira. Ele punirá os pecadores impenitentes.

O maior problema que os universalistas enfrentam é ter de lidar com as passagens da Bíblia em que claramente se estabelece uma divisão na humanidade — entre salvos e perdidos — e com outros trechos que abertamente anunciam o inferno como o destino final dos pecadores não arrependidos. A divisão da humanidade em salvos e perdidos é central no Antigo Testamento (Dt 30.15-20; Sl 1; Jr 21.8; Dn 12.2; entre outras passagens). Foi o próprio Jesus, em seu sermão escatológico, quem esclareceu essa divisão ao profetizar o juízo final em que a humanidade será repartida entre ovelhas e cabritos, sendo os segundos destinados ao fogo eterno, preparado para o diabo e seus anjos, ao contrário daqueles destinados à felicidade eterna (Mt 25.31-46).

Também foi Jesus quem anunciou a realidade do inferno, mais que qualquer outro personagem do Novo Testamento: "Se o teu olho direito te faz tropeçar, arranca-o e lança-o de ti; pois te convém que se perca um dos teus membros, e não seja todo o teu corpo lançado no inferno" (Mt 5.29); "Não temais os que matam o corpo e não podem matar a alma; temei, antes, aquele que pode fazer perecer no inferno tanto a alma como o corpo" (10.28). Mais adiante, a advertência de Cristo é clara: "Serpentes, raça de víboras! Como escapareis da condenação do inferno?" (23.33).

No evangelho de Marcos, uma série de admoestações trata da realidade do inferno. Ao longo de três versículos do capítulo 9, o Mestre diz que é melhor ao fiel perder uma mão, um pé ou um dos olhos a ser "lançado no inferno", caso aqueles membros o levem ao pecado (v. 43,45,47). Lucas, por sua vez, registra um diálogo travado entre Abraão, o patriarca, e um homem rico e impiedoso lançado no fogo eterno, descrito como um lugar de "choro e ranger de dentes" (Lc 13.28). E, finalmente, uma passagem do evangelho de João explica bem a diferença entre a morte daquele que crê na salvação e a do que a rejeita: "Se alguém não permanecer em mim, será lançado fora, à semelhança do ramo, e secará; e o apanham, lançam no fogo e o queimam"(Jo 15.6).

O universalismo é um erro teológico grave. Na verdade, mais que isso, é uma perigosa heresia. Além de não pertencer ao mundo teológico dos autores do Antigo e do Novo Testamentos, a ideia da salvação universal implica diversos riscos. Em primeiro lugar, enfraquece e, finalmente, extingue todo espírito missionário e evangelístico. Se todos serão salvos ao final — incluindo ímpios renitentes, pecadores não convertidos, incrédulos e agnósticos —, por que pregar-lhes as boas-novas de salvação? Os universalistas transformam o chamado ao arrependimento da Igreja num simples anúncio auspicioso de que todos já estão salvos em Cristo, e travestem sua missão em mera ação social.

Em segundo lugar, essa doutrina falsa, quando levada às últimas consequências, implica necessariamente o ecumenismo. Se todos serão salvos, as religiões que professam não podem mais ser consideradas certas ou erradas, e se tornam uma questão indiferente. Logo, o correto seria promover a fé em si mesma, sem distinções, pois ao final teremos todos o mesmo destino.

Por fim, o universalismo é um forte incentivo a uma vida imoral. Por mais que sejamos refratários à ideia de as pessoas fazerem o que é certo por terem medo do castigo de Deus, temer "aquele que pode fazer perecer no inferno tanto a alma como o corpo" (Mt 10.28) ainda é um dos mais poderosos incentivos de Jesus para que apresentemos uma vida santa e reta. A tendência natural do pecador que está seguro de que não sofrerá as consequências de seus pecados é mergulhar ainda mais neles. Assim, o universalismo retira os freios da consciência e abre as portas para uma vida sem preocupações com Deus.

O inferno em que Rob Bell se meteu

A entrevista do conhecido pastor e teólogo americano Rob Bell à revista *Veja*, em novembro de 2012,[1] provocou intensa controvérsia nas redes sociais. Bell se tornou figura polêmica quando passou a pregar a salvação de todos os seres humanos no fim dos tempos (universalismo). Com isso, ele negou a realidade do inferno. Em 2012, deixou a igreja que pastoreava para se dedicar ao ministério itinerante pelo qual percorreu, nas palavras da revista, "o mesmo circuito das bandas de *rock*".

Inteligente, carismático, conectado e bom comunicador, Rob Bell tem atraído muitos jovens evangélicos no Brasil, especialmente após o lançamento nacional de seu livro *O amor vence*[2] e em razão de seus vídeos no YouTube, sempre muito bem produzidos.

Achei a entrevista de Bell extremamente esclarecedora, mesmo considerando que relatos desse tipo são comumente modificados pelos editores e raramente publicados na íntegra. Se o que se lê na revista é realmente o pensamento de Rob Bell, então confesso que poucas vezes na minha vida vi uma renomada figura religiosa se contradizer tanto num espaço tão curto. E é justamente por isso que a entrevista é esclarecedora. Qualquer evangélico de bom senso, que tenha um mínimo de conhecimento bíblico e saiba seguir um raciocínio de maneira lógica, fica se perguntando o que faz Rob Bell atrair tanta gente.

Começo reconhecendo o que não é assim *tão ruim* na entrevista. Bell se posiciona contra o aborto. Embora aceite que Deus poderia ter usado o processo evolutivo como método da vida, o teólogo também reconhece as limitações do darwinismo para explicar a totalidade da existência. O pastor afirma, ainda, que céu e inferno são "como dimensões da nossa existência aqui e agora". Concordo com ele. Os ímpios já experimentam aqui e agora — alguns mais, outros menos — parte do sofrimento que os espera no inferno que se avizinha. Da mesma forma, pela graça, os salvos mediante a fé em Cristo já experimentam o céu aqui e agora, embora de forma limitada. Lembremos que Jesus disse que quem crê nele já tem a vida eterna. O Espírito em nós é a garantia de nossa herança e nos proporciona um gosto antecipado do que haverá de vir.

Surpreendente para mim foi ver que Bell não nega haver céu ou inferno. O que ele nega é que possamos garantir que eles existam depois da morte. Bell alega acreditar que "céu e inferno são realidades que se estendem à dimensão para a qual vamos ao morrer, mas aí já entramos no campo da pura especulação". O que ele contesta é a certeza e a convicção das igrejas e dos evangélicos quanto à existência de céu e inferno no pós-morte. Ele argumenta: "Vamos pelo menos ser honestos. Ninguém sabe o que acontece quando morremos. Não tem fotografia, não tem vídeo". Ora, é claro que, por esse critério, também não podemos ter certeza se Deus existe ou se houve um Jesus, pois, que eu saiba, não dispomos de foto nem de vídeo que os retratem.

Nessa mesma linha, ao dizer-se convencido de que ao final todos serão conquistados por Deus, Bell afirma: "Não sei se isso vai acontecer, também não sei o que acontece quando morremos". Pois bem. Não sabemos o que acontece depois da morte. E aqui começam as contradições.

Ao ser perguntado se Gandhi, que não era cristão, estaria no inferno, o pastor responde: "Acredito que está com o Deus que tanto o amou". Isso só pode ser o céu, certo? Contudo, a resposta coerente com aquilo que pressupõe seria: "Não sei". Da mesma forma, quando questionado se Hitler está no céu, Bell responde que o ditador alemão recebeu de Deus aquilo que buscou a vida toda: "imensos infernos para si mesmo e para os outros". E acrescenta: "Qualquer reconciliação ou perdão, nesse caso, está além da minha compreensão". Se esse argumento não significa que Deus destinou Hitler ao inferno, não sei o que mais poderia representar. A resposta coerente e honesta seria esta: "Não sei", ou seja, admitir a possibilidade de Hitler ter ido para o céu.

A certa altura, o jornalista lança uma pergunta acerca do livre-arbítrio: "Não existe escolha, ninguém pode dizer não ao paraíso?". E Bell retruca: "Acho que você pode dizer não ao paraíso e, nesse caso, talvez você fique em algum estado de rejeição ou resistência. Talvez seja esse estado que muitas pessoas chamam de 'inferno'". Bem, uma resposta dessa dá a entender que, para Rob Bell, o inferno é, na verdade, o céu, só que ali os condenados viverão em constante rejeição e resistência a Deus. Mas, nesse ponto, em que o céu difere do inferno? De onde ele tirou essa ideia? Se não temos na Bíblia informação suficiente para saber se o céu e o inferno existem, muito menos para uma teoria dessa.

Não é difícil identificar as origens de contradições tão óbvias. A primeira e mais importante é que Bell rejeita o ensino de Jesus sobre céu e inferno. Os evangelhos retratam o Cristo como personificação do Deus que é amor — e, para o teólogo americano, o amor é o mais importante, senão o único, atributo de Deus. Jesus ensinou que os que se iram e insultam seus irmãos estão sujeitos ao inferno (Mt 5.22), e que é melhor entrar no céu aleijado que ir inteiro para o inferno

(v. 29-30; 18.9), cujo fogo é inextinguível (Mc 9.43). Ele também disse que deveríamos temer a Deus, que tem poder para fazer perecer no inferno a alma e o corpo (Mt 10.28; Lc 12.5). Cafarnaum seria lançada no inferno (Mt 11.23). Os discípulos dos fariseus eram filhos do inferno e não escapariam da condenação eterna (23.15,33).

Na parábola do rico e Lázaro, Jesus ensinou claramente que o inferno é um estado de tormento consciente após a morte (Lc 16.23) e usou a metáfora de uma fornalha acesa, que não se apaga, para descrever tal estado (Mt 13.42). Ensinou ainda que, no dia do juízo, os ímpios impenitentes serão lançados no castigo eterno, comparável a um fogo que arde sem cessar, punição essa preparada para o diabo e seus anjos (Mt 25.41; Jo 15.6).

Reconhecidamente, as referências ao inferno como castigo eterno dos ímpios formam um dos temas dominantes do ensino de Cristo. O que espanta é o uso seletivo que Rob Bell faz das palavras de Jesus. O pastor ignora por completo os trechos em que Cristo fala do inferno, mas se refere às passagens que abordam os sofrimentos físicos experimentados pelas pessoas aqui neste mundo. É claro que o Senhor Jesus se preocupou com o sofrimento presente, mas, como vimos nas passagens citadas, o Mestre insiste em nos alertar que o sofrimento eterno é muito pior.

Bell cita várias vezes a mensagem de amor pregada por Jesus. Porém, observe: Onde foi que o entrevistado descobriu o teor da pregação de Jesus? Só pode ter sido no Novo Testamento, o único documento que a preservou. Sendo assim, por que Bell ignora uma das maiores ênfases da pregação de Cristo, a saber, o castigo eterno preparado para os ímpios? Se Rob Bell defende que não podemos ter certeza da existência do céu e do inferno, como pode garantir, então, que Jesus pregou sobre o amor e o sofrimento das pessoas neste mundo?

Essas coisas estão todas no Novo Testamento. É evidente a interpretação enviesada, preconceituosa e parcial que ele faz, conservando as passagens que lhe interessam e rejeitando as que o contradizem.

Outra razão para as incoerências de Rob Bell é a sua base epistemológica. Ele declara: "Nunca fiquei preocupado com sistema doutrinário, [...] nunca me empenhei em ter a comprovação do meu dogma". Então, o que esse pastor pensa sobre céu e inferno é o quê? Nada mais além de sistema doutrinário e dogma. É teologia. Mas, enfim, em que ele fundamenta suas ideias? A resposta é surpreendente: "Tive alguns encontros profundos, meus, pessoais, com o amor de Deus que me estremeceram e tiveram sobre mim um impacto, digamos, precognitivo". Pelo visto, ele teve algumas experiências que serviram para orientar sua teologia, algo bem longe de tomar as Escrituras como única regra de fé e prática. Nada de novo aqui.

Creio que seja esse o motivo de o conceito de Bell acerca de Deus se mostrar tão equivocado. Segundo o teólogo, se Deus é amor, a salvação universal deve ser o ponto de partida. Para ele, "é incompreensível um cristão que não considera a salvação universal como a melhor saída, a melhor história". Evidentemente, o erro desse raciocínio é não levar em conta que Deus também é justo, verdadeiro, santo e reto. Não se pode separar os atributos divinos, muito menos caracterizar Deus com base em apenas um desses atributos. O amor de Deus deve ser levado em conta juntamente com sua santidade e sua justiça. Portanto, um cristão verdadeiro não considera o universalismo como a melhor saída ou o melhor desfecho para a História. A melhor conclusão é a descrita por Paulo:

> Que diremos, pois, se Deus, querendo mostrar a sua ira e dar a conhecer o seu poder, suportou com muita longanimidade os vasos de ira, preparados para a perdição, a fim de que também

desse a conhecer as riquezas da sua glória em vasos de misericórdia, que para glória preparou de antemão, os quais somos
nós, a quem também chamou, não só dentre os judeus, mas
também dentre os gentios?

Romanos 9.22-24

A melhor saída é aquela na qual Deus expressa a plenitude
de seu ser — seu amor e sua ira — tanto nos que se salvam
quanto nos que se perdem, tanto no céu quanto no inferno.

Bell faz, ainda, uma inferência historicamente equivoca-
da para respaldar seu argumento. Ele afirma que "as pessoas
mais interessadas em discutir o inferno depois da morte são
as menos interessadas em discutir o inferno sobre a terra".
Não há dúvida de que entre os evangélicos cientes da realidade do céu e do inferno há muitos que não se importam com
as questões sociais, mas a afirmação do entrevistado é uma
generalização grosseira. Calvino, Lutero e outros reformadores criam no inferno e pregavam abertamente sobre a condenação eterna. Contudo, poucos fizeram tanto quanto eles
para diminuir o sofrimento entre os europeus de sua época,
abrindo escolas, hospitais e orfanatos, combatendo leis injus-
tas, lutando contra o monopólio de alimentos e denunciando
a corrupção do Estado. Outros muitos exemplos põem abaixo
essa falácia de Rob Bell.

Como sempre acontece com as seitas, muitos seguirão as
ideias do entrevistado. Mas já nos disse o apóstolo João:

Eles saíram de nosso meio; entretanto, não eram dos nossos;
porque, se tivessem sido dos nossos, teriam permanecido conosco; todavia, eles se foram para que ficasse manifesto que
nenhum deles é dos nossos.

1João 2.19

quarta parte

A Igreja e os valores do mundo

Quando a cultura vira evangelho

O relacionamento dos cristãos com a cultura na qual estão inseridos sempre lhes representou um grande desafio. Opções como moldar-se à cultura, rejeitá-la, idolatrá-la ou tentar redimi-la têm encontrado adeptos em todo lugar e época. Em nosso país, com manifestações culturais tão ricas, variadas e envolventes, o desafio parece ainda maior. Afinal, de que modo nós, os que cremos em Jesus e adotamos os valores bíblicos quanto à família, ao trabalho, ao lazer, ao conhecimento e às interações pessoais em geral podemos nos relacionar com essa cultura?

O termo "cultura" é objeto de muitas definições, grande parte delas bastante semelhante. No geral, define-se cultura como o conjunto de valores, crenças e práticas de uma sociedade em particular, o que inclui artes, religião, ética, costumes e maneira de ser, se divertir e se organizar.

Porém, qualquer que seja essa definição, nós, cristãos, costumamos acrescentar-lhe uma característica: contaminação. Não existe cultura neutra, isenta, pura e inocente. Toda cultura reflete a situação moral e espiritual das pessoas que nela estão inseridas, ou seja, representa uma mistura de elementos bons, decorrentes da graça comum e da imagem de Deus que habita cada ser humano, e elementos ruins, resultantes da depravação e da corrupção do coração do homem. Toda cultura, portanto, por mais civilizada que seja, abriga valores pecaminosos, crenças equivocadas e práticas iníquas que se refletem na arte, na música, na literatura, no cinema, nas religiões, nos costumes e em tudo mais que a compõe.

Desse ponto de vista, a definição de cultura se assemelha à definição bíblica para o termo "mundo", que é o sistema de valores, crenças e práticas adotado pelas pessoas sem Deus. Poderíamos dizer que "mundo" compreende os traços da cultura humana que refletem sua decadência moral e espiritual e seu antagonismo em relação a Deus.

De acordo com João, as paixões carnais, a cobiça e a arrogância do homem marcam o mundo. Portanto, o mundo é inimigo direto de Deus, razão pela qual os cristãos não devem amar nada considerado inerentemente mundano:

> Não ameis o mundo nem as coisas que há no mundo. Se alguém amar o mundo, o amor do Pai não está nele; porque tudo que há no mundo, a concupiscência da carne, a concupiscência dos olhos e a soberba da vida, não procede do Pai, mas procede do mundo.
>
> 1João 2.15-16

Tiago segue a mesma lógica: "Infiéis, não compreendeis que a amizade do mundo é inimiga de Deus? Aquele, pois, que quiser ser amigo do mundo constitui-se inimigo de Deus" (Tg 4.4). Escrevendo aos romanos, Paulo orienta que não se amoldem ao presente século, alusão a um conceito escatológico do mundo que se submete ao pecado e caminha para o fim: "E não vos conformeis com este século, mas transformai-vos pela renovação da vossa mente, para que experimenteis qual seja a boa, agradável e perfeita vontade de Deus" (Rm 12.2). O próprio Jesus ensinou que o mundo o odeia e também odeia aqueles que o seguem, pois esses não pertencem ao mundo:

> Se o mundo vos odeia, sabei que, primeiro do que a vós outros, me odiou a mim. Se vós fôsseis do mundo, o mundo amaria o

que era seu; como, todavia, não sois do mundo, pelo contrário, dele vos escolhi, por isso, o mundo vos odeia.

João 15.18-19

Não é de estranhar, portanto, que os cristãos que levam a Bíblia a sério preservem uma atitude no mínimo cautelosa em relação à cultura, pois percebem nela traços da corrupção humana, ou indícios da depravação do mundo.

Ao mesmo tempo que a Bíblia define o mundo de maneira negativa, ela admite que existem coisas boas na sociedade, isso porque, a despeito da Queda, o homem ainda mantém a imagem de Deus e porque Deus age de maneira graciosa na humanidade. Deus concede às pessoas, cristãs ou não, capacidades, habilidades, perspicácia, criatividade, talentos naturais para as artes em geral; enfim, recebemos de Deus aquilo que chamamos de graça comum. É interessante que os primeiros instrumentos musicais mencionados na Bíblia aparecem no contexto da descendência de Caim (Gn 4.21), como ocorre com as primeiras menções a ferreiros (v. 22) e a fazedores de tendas (v. 20). Paulo conheceu e citou autores de sua época que certamente não eram cristãos, como Epimênides (Tt 1.12), Menandro (1Co 15.33) e Aratus (At 17.28). Jesus participou de festas de casamento (Jo 2.1-11), e Paulo não desencorajou os crentes de Corinto de participar de refeições com amigos pagãos, excetuando-se alguns casos que envolvessem aspectos morais ou éticos (1Co 10.27-28).

Portanto, a grande questão sempre foi o limite, a linha de separação entre o que é lícito ou não. Até que ponto os cristãos podem desfrutar deste mundo? Até onde podem tomar parte na cultura secular?

Ao longo da História, algumas vezes a Igreja foi considerada obscurantista e reacionária, acusada de ser um gueto contracultural. Nem sempre os inimigos da fé cristã perceberam que, em boa parte do tempo, os seguidores de Jesus estavam reagindo ao mundo, àquilo que existe de pecaminoso na cultura, e não à cultura em si.

Quando missionários cristãos lutam contra a prática indígena de matar crianças, a intenção não é acabar com a cultura dos índios, mas redimi-la dos traços que o pecado lhe deixou. Esses missionários estão lutando contra o "mundo" na acepção bíblica do termo. Quando cristãos criticam Charles Darwin, não estão necessariamente deixando de reconhecer a contribuição do cientista para o estudo dos processos naturais; eles estão se posicionando contra a filosofia naturalista que controlou o pensamento desse pesquisador. Quando alguém torce o nariz para Jacques Derrida, pode ser que não esteja negando a correta percepção do filósofo acerca das ambiguidades na linguagem, mas, sim, confrontando a ideia de que não existe sentido num texto. Eu mesmo assumo que gosto de Jorge Amado, mas isso não significa que aprecio seu gosto pela pornografia.

Por ignorar ou desprezar a presença contaminadora do pecado humano na cultura é que alguns evangélicos identificam as manifestações culturais como a expressão mais pura e autêntica da humanidade. Assim, atenuam, e até negam, a diferença entre graça comum e graça salvadora, entre revelação natural e revelação especial. Para eles, evangelizar não é mais chamar as pessoas ao arrependimento de seus pecados — refletidos inclusive em suas produções culturais, poéticas, artísticas e musicais —, mas afirmar a cultura dos povos em todos os seus aspectos. Não há espaço para transformação, redenção e mudança, pois isso significaria mexer com a identidade cultural dos povos, com sua maneira de ser e existir — algo que certamente deixaria antropólogos de cabelo em pé.

A contextualização sempre foi um desafio para os missionários e teólogos cristãos. De que maneira podemos apresentar e viver o evangelho em diferentes contextos culturais?

Pessoalmente, acredito que há princípios universais que transcendem as culturas, verdadeiros em qualquer lugar e em qualquer época. Adultério, por exemplo, é sempre adultério. Pregar o evangelho numa cultura em que adulterar é prática considerada normal significa identificá-la como pecado e combatê-la, buscando redimir adúlteros e adúlteras e restaurar os padrões bíblicos do casamento e da família. Em resumo, significa redimir e transformar a cultura a fim de fazê-la refletir os princípios do reino de Deus.

Nem sempre isso é fácil ou possível de se fazer rapidamente. Que o digam, por exemplo, os missionários enviados a tribos africanas onde a poligamia é vista com naturalidade. Um caminho possível adotado por muitos irmãos tem sido tolerar a poligamia dos primeiros convertidos, para não causar um grave problema social com a despedida das esposas. Mas as gerações descendentes desses primeiros convertidos já são ensinadas segundo o padrão bíblico da monogamia.

É preciso reconhecer que nem sempre os cristãos conseguiram distinguir entre mundo e cultura. Historicamente, há registros de grupos cristãos que se opõem indistintamente à ciência, à arte, à música e à literatura em geral. Todavia, esse tipo de fundamentalismo não representa a postura cristã para com a cultura, nem reflete o ensino bíblico quanto ao assunto. Os reformados, em particular, sempre se mostraram sensíveis às artes e viram nelas uma manifestação da graça comum de Deus à humanidade. Apreciam a pintura, a música, a poesia e a literatura. Entre eles figuram, por exemplo, os puritanos. Cabe aqui a descrição que C. S. Lewis fez a respeito deles:

> Devemos imaginar estes puritanos como o extremo oposto daqueles que se dizem puritanos hoje. Imaginemo-los jovens, intensamente fortes, intelectuais, progressistas, muito atuais. Eles não eram avessos a bebidas com álcool; mesmo à

cerveja, mas os bispos eram a sua aversão. Puritanos fumavam (na época não sabiam dos efeitos danosos do fumo), bebiam (com moderação), caçavam, praticavam esportes, usavam roupas coloridas, faziam amor com suas esposas, tudo isto para a glória de Deus, o qual os colocou em posição de liberdade.[1]

[Os puritanos eram] jovens, vorazes, intelectuais progressistas, muito elegantes e atualizados [...] não havia animosidade entre os puritanos e humanistas. Eles eram frequentemente as mesmas pessoas, e quase sempre o mesmo tipo de pessoa: os jovens no movimento, os impacientes progressistas exigindo uma "limpeza purificadora".[2]

O grande desafio que Jesus e os apóstolos deixaram para os cristãos foi exatamente este: estar no mundo, ser enviado a ele, mas não lhe pertencer (Jo 17.14-18). Isso significa não se conformar com o presente século, mas renovar-se diariamente (Rm 12.2). Implica não ir embora amando o presente século, como Demas (2Tm 4.10), mas ser sal e luz do mundo (Mt 5.13-16).

Os que deixam de levar em conta a corrupção humana incutida na cultura elegem poetas, músicos, artistas e cientistas como seus sacerdotes, transformam a produção dessas pessoas em sacramento e a disseminam em tom de evangelização.

Vale tudo para pregar a mensagem de Cristo?

Um amigo me perguntou pelas redes sociais se o texto de Filipenses 1.18 não justificaria o chamado "evangelho *gospel*" e os ditos "*shows gospel*". Diz o texto (com o contexto):

> Alguns, efetivamente, proclamam a Cristo por inveja e porfia; outros, porém, o fazem de boa vontade; estes, por amor, sabendo que estou incumbido da defesa do evangelho; aqueles, contudo, pregam a Cristo, por discórdia, insinceramente, julgando suscitar tribulação às minhas cadeias. Todavia, que importa? Uma vez que Cristo, de qualquer modo, está sendo pregado, quer por pretexto, quer por verdade, também com isto me regozijo, sim, sempre me regozijarei.
>
> Filipenses 1.15-18

De acordo com a interpretação popular dessa passagem, especialmente do versículo 18, para o apóstolo o importante era que o evangelho fosse pregado, não importando o motivo nem o método. A conclusão é que, a fim de propagar a mensagem do evangelho, poderíamos e deveríamos usar todos os recursos, métodos, meios, estratégias, pessoas — a despeito de qual seja a motivação. Em decorrência, não poderíamos criticar, condenar ou julgar ninguém que fale de Cristo, muito menos confrontar as intenções e a metodologia dessa pessoa. Por essa ótica, vale tudo!

Para analisar essa questão, devemos entender em que circunstâncias Paulo enviou a carta aos filipenses. Ele estava preso em Roma, acusado pelos judeus de ser um rebelde, um perversor da ordem pública que proclamava outro imperador além de César. Quando os acusadores de Paulo eram convocados diante das autoridades romanas para justificar as denúncias que tinham contra ele, diziam alguma coisa parecida com isto: "Meritíssimo, este homem, Paulo, vem espalhando por todo lugar que Jesus de Nazaré é o Filho de Deus, que nasceu de uma virgem, morreu por nossos pecados, ressuscitou ao terceiro dia e está assentado à direita de Deus, tendo se tornado Senhor de tudo e de todos. Diz também que esse Senhor perdoa e salva todos os que nele creem, mesmo sem a prática das obras da lei. Meritíssimo, isso é um ataque direto ao imperador, pois somente César é Senhor. Esse homem é digno de morte!".

Ao fazer acusações desse tipo, os judeus, nas próprias palavras de Paulo, "[proclamavam] a Cristo por inveja e porfia; [...] por discórdia, insinceramente, julgando suscitar tribulação às minhas cadeias" (v. 15,17). Isto é, Paulo se regozija porque seus acusadores, no propósito de matá-lo, no fim das contas acabavam anunciando o evangelho de Cristo aos magistrados e às autoridades romanas.

Há uma longa distância entre esse episódio e o uso da referida passagem para justificar que cristãos, num país onde são livres para pregar, usem de meios mundanos e escusos, de alianças com ímpios e de estratégias no mínimo polêmicas para anunciar a mensagem de Cristo. Tenho certeza de que Paulo jamais se regozijaria com "cristãos" que anunciassem o evangelho por motivos ilícitos, em busca de poder, popularidade e dinheiro, pois ele mesmo disse:

> Eu, irmãos, quando fui ter convosco, anunciando-vos o testemunho de Deus, não o fiz com ostentação de linguagem

ou de sabedoria. Porque decidi nada saber entre vós, senão a Jesus Cristo e este crucificado. E foi em fraqueza, temor e grande tremor que eu estive entre vós. A minha palavra e a minha pregação não consistiram em linguagem persuasiva de sabedoria, mas em demonstração do Espírito e de poder, para que a vossa fé não se apoiasse em sabedoria humana e sim no poder de Deus.

1Coríntios 2.1-5

Porque nós não estamos, como tantos outros, mercadejando a palavra de Deus; antes, em Cristo é que falamos na presença de Deus, com sinceridade e da parte do próprio Deus.

2Coríntios 2.17

Pelo que, tendo este ministério, segundo a misericórdia que nos foi feita, não desfalecemos; pelo contrário, rejeitamos as coisas que, por vergonhosas, se ocultam, não andando com astúcia, nem adulterando a palavra de Deus; antes, nos recomendamos à consciência de todo homem, na presença de Deus, pela manifestação da verdade.

2Coríntios 4.1-2

Ora, o intuito da presente admoestação visa ao amor que procede de coração puro, e de consciência boa, e de fé sem hipocrisia. Desviando-se algumas pessoas destas coisas, perderam-se em loquacidade frívola, pretendendo passar por mestres da lei, não compreendendo, todavia, nem o que dizem, nem os assuntos sobre os quais fazem ousadas asseverações.

1Timóteo 1.5-7

Se alguém ensina outra doutrina e não concorda com as sãs palavras de nosso Senhor Jesus Cristo e com o ensino segundo a piedade, é enfatuado, nada entende, mas tem mania por questões e contendas de palavras, de que nascem inveja, provocação, difamações, suspeitas malignas, altercações sem fim, por homens cuja mente é pervertida e privados da verdade, supondo que a piedade é fonte de lucro.

1Timóteo 6.3-5

Portanto, usar Filipenses 1.18 para justificar tamanha banalização pública do evangelho é, como costuma-se dizer popularmente, usar texto fora do contexto como pretexto para o erro.

A provável causa de nossos problemas

Fico me perguntando se uma das explicações para determinados problemas que afligem as igrejas cristãs — qualquer que seja a linha teológica que sigam — não está no fato de haver muita gente, nos bancos e nos púlpitos, que nunca nasceu de novo. Não me refiro a pessoas genuinamente regeneradas pelo Espírito, iluminadas por Deus de maneira redentora, não apenas perdoadas e aceitas, mas também justificadas de seus pecados e adotadas na família de Deus. E também não estou dizendo que esse tipo de cristão não esteja sujeito a cometer pecados, inclusive pecados graves. Há exemplos disso na própria Bíblia. Mas, como Davi, essas pessoas se arrependem, choram seus pecados, submetem-se à penitência e voltam ao caminho — como também fez Pedro após negar Jesus.

Entretanto, considero realmente difícil compreender como uma pessoa supostamente iluminada pelo Espírito, conhecedora da graça de Deus em Cristo, que tenha experimentado o perdão de pecados e chegado ao trono da graça mediante Jesus seja capaz de espalhar mentiras, agredir irmãos, levantar calúnias, falsear a verdade, espalhar a discórdia, viver na prática da imoralidade, deixar-se mover pelo ódio e pelo amor ao dinheiro e ao poder, tudo isso sem jamais demonstrar o mínimo arrependimento ou mesmo tristeza por seus atos. E mais: ser capaz de manter esse comportamento por anos a fio.

Teoricamente, é possível alguém ter uma capa de religiosidade e, por dentro, ser um lobo devorador. É possível alguém se passar por homem ou mulher de Deus e, ainda assim, não conhecer Deus nem a seu Filho, Jesus. Paulo chamou alguns mestres cristãos da igreja de Filipos de "inimigos da cruz de Cristo", que só se preocupavam com as coisas terrenas e estavam destinados à perdição (Fp 3.18-19). Paulo também advertiu os crentes de Roma contra os "irmãos" que provocavam divisões e escândalos mediante o ensinamento de heresias; para ele, pessoas que agem assim "não servem a Cristo, nosso Senhor, e sim a seu próprio ventre" (Rm 16.18). Os líderes que tinham aparecido em Corinto eram, na verdade, "obreiros fraudulentos" transformados em "apóstolos" de Cristo, como o próprio Satanás, que se transforma em anjo de luz (2Co 11.13-15). E a exortação de Paulo é apenas a reprodução daquilo que o próprio Senhor Jesus ensinou:

> Muitos, naquele dia, hão de dizer-me: Senhor, Senhor! Porventura, não temos nós profetizado em teu nome, e em teu nome não expelimos demônios, e em teu nome não fizemos muitos milagres? Então, lhes direi explicitamente: nunca vos conheci. Apartai-vos de mim, os que praticais a iniquidade.
>
> Mateus 7.22-23

O Senhor advertiu que essas pessoas contra-argumentariam, dizendo: "Comíamos e bebíamos na tua presença, e ensinavas em nossas ruas", mas receberiam esta resposta: "Não sei donde vós sois; apartai-vos de mim, vós todos os que praticais iniquidades" (Lc 13.26-27). Jesus também mencionou os falsos cristos e falsos profetas que haveriam de aparecer entre os cristãos, fazendo sinais e prodígios, enganando a muitos (Mt 24.5,24).

Não é de admirar, portanto, que Paulo e outros autores do Novo Testamento ensinem que as igrejas cristãs não estão isentas de abrigar indivíduos que, apesar da capa de piedade e religiosidade, não são crentes verdadeiros (1Co 13.1-3). Na verdade, o aparecimento e a proliferação de falsos cristãos é uma das marcas dos últimos tempos, assim como o abandono da fé (1Tm 4.1-3).

Creio que as passagens bíblicas aqui citadas são suficientes para mostrar a preocupação do Senhor Jesus, e de seus apóstolos, quanto à presença de falsos convertidos em meio ao povo de Deus.

Acredito que algumas pessoas se tornam cristãs por motivos equivocados. Sim, são admitidas nas igrejas — o que é extremamente fácil em algumas comunidades e relativamente mais difícil em outras —, mas, uma vez "convertidas", apenas assumem uma máscara de religiosidade (afinal, não surpreende que um incrédulo possa orar em voz alta, usar linguagem evangélica, contribuir para o sustento da igreja, cantar hinos e ouvir sermões). E alguns desses indivíduos são consagrados como presbíteros, pastores, líderes. Em algumas igrejas, isso ocorre com bastante facilidade. Pode ser que essa gente consiga representar seu papel por muito tempo, sem causar problemas, mas, cedo ou tarde, a natureza não regenerada se manifesta na forma de ódio, amor ao poder, dissimulação, arrogância, falsos ensinos, perseguição, intolerância, autoritarismo e autopromoção.

Evidentemente, é complicado acusar alguém de não ser convertido tomando por base atitudes erradas que porventura tenha praticado, pois admitimos que um verdadeiro crente é passível de errar. Mas será que a razão pela qual algumas dessas pessoas mantêm tal conduta por anos a fio, sem arrependimento e mudança de vida — na verdade, elas vão de mal a pior —, sem quebrantamento nem contrição sincera, não está no fato de sua natureza carecer de regeneração?

Infelizmente, tenho a impressão de que os bancos e, também, os púlpitos de nossas igrejas acolhem mais gente não convertida do que imaginamos.

Discípulos ou consumidores?

Em certa ocasião, o Senhor Jesus precisou escolher entre ter cinco mil seguidores, que o acompanhavam por causa dos benefícios que dele poderiam obter, ou contar com doze companheiros leais, que o seguiam pelo motivo certo. Ou seja, ele precisou decidir entre dispor de muitos consumidores ou unir-se a poucos e fiéis discípulos.

Refiro-me à multiplicação dos pães narrada em João 6. O texto bíblico relata que a multidão, extasiada com o milagre, quis proclamar Jesus como rei; ele rejeitou (v. 15). No dia seguinte, Jesus também se recusou a fazer novos milagres diante da multidão, pois percebeu que esta o seguia apenas por causa dos pães que ele oferecera e pelos feitos que realizava (v. 26,30). O comentário de Cristo acerca do pão da vida afugenta quase todo mundo (v. 60,66), com exceção dos doze discípulos, que afirmam segui-lo por saber que ele é o Salvador, o que tem as palavras da vida eterna (v. 67-69).

Jesus poderia ter satisfeito as necessidades da multidão e saciado o desejo que aquela gente tinha por mais milagres, sinais e pão. Ele teria sido feito rei e contaria com o apoio irrestrito do povo. Mas o Senhor preferiu conduzir um punhado de pessoas que o seguiam pelos motivos certos a ser acompanhado por uma vasta multidão que o fazia por motivos errados. Preferiu discípulos a consumidores.

Hoje, infelizmente, parece prevalecer entre os evangélicos uma mentalidade bem semelhante à da multidão nos dias de Jesus. Muitos, influenciados pela crescente febre do consumo (inclusive, e principalmente, de coisas supérfluas) manifestada nas sociedades modernas, têm assumido uma postura de "clientela" quando se trata das coisas do reino de Deus. O consumismo encontrou a porta da Igreja evangélica e a invadiu com ímpeto. Ao que parece, veio para ficar.

Quando digo "consumismo", refiro-me ao impulso de satisfazer a necessidade, real ou não, de usar bens ou serviços prestados por outros. No consumismo, o foco está nas demandas individuais; a "escolha" pessoal deve ser o mais respeitado dos direitos humanos. Tudo gira em torno do indivíduo, e tudo existe para satisfazê-lo. As coisas ganham valor, validade e relevância à medida que são capazes de atender às demandas do consumidor.

Essa mentalidade tem definido, em grande medida, a programação das igrejas, a forma e o conteúdo das pregações, a escolha dos cânticos, o tipo de liturgia e as estratégias para crescimento de comunidades locais. Tudo é feito com o objetivo de satisfazer os apelos emocionais, físicos e materiais dos frequentadores do templo. E, nesse afã, prevalece o fim sobre os meios. Métodos se justificam na medida em que se prestam a atrair novos clientes e torná-los mais felizes, satisfeitos e dispostos a continuar ocupando os bancos da igreja.

Embora esteja claro que muitos procuram oportunidades para aprofundar a experiência cristã e crescer no conhecimento de Deus, a maioria, segundo pesquisas realizadas nos Estados Unidos, deseja apenas satisfazer as suas necessidades pessoais. De acordo com a revista *Newsweek*, um entre cinco americanos sofre de alguma disfunção mental (ansiedade, depressão clínica, esquizofrenia etc.) durante o curso de um ano.[1] É possível que boa parte desses distúrbios seja realmente causada por problemas físicos ou psicológicos, mas muita coisa tem a ver com os efeitos do pecado na consciência. De qualquer forma, os espertos se aproveitam de estatísticas assim.

Por sua vez, a indústria da música cristã se expande de maneira assustadora, abandonando de vez seu propósito inicial de difundir o evangelho e tornando-se cada vez mais um negócio altamente rentável. A maioria das gravadoras evangélicas nos Estados Unidos pertence a corporações de entretenimento. E essa realidade alcançou o Brasil. As estrelas da música *gospel* cobram cachês altíssimos por suas apresentações. Defende-se abertamente que o negócio das igrejas é servir ao povo e que, para tanto, as comunidades eclesiásticas devem se pautar pelo consumo, com estratégias que visem a atender às necessidades básicas dos clientes e, especialmente, fazê-los sentir-se bem.

Um efeito da mentalidade consumista das igrejas é a chamada "síndrome da porta giratória": os templos estão repletos de pessoas que buscam sentido para a vida, alívio para suas ansiedades e preocupações, ou mesmo mera diversão e entretenimento. Muitos desses indivíduos vão à igreja a passeio, como quem vagueia pelas lojas de um *shopping center*, selecionando produtos que lhe agradem. Assim, escolhem igrejas como quem escolhe refrigerante. Tão logo a congregação que frequentam deixa de lhes satisfazer os interesses, saem pela porta tão facilmente como entraram. Estão à procura de igrejas onde se sintam confortáveis e se esquecem de que, na verdade, precisam de uma comunidade que as faça crescer em Cristo e no amor para com os outros.

A meu ver, um dos mais decisivos fatores para o avanço da mentalidade consumista na Igreja evangélica é a influência da teologia professada pelo famoso "avivalista" americano Charles G. Finney.

No início do século 20, as ideias de Finney impulsionaram uma profunda mudança no conceito de evangelização. Mais intensamente que a teologia de Karl Barth, o ideário e os métodos de Finney têm moldado o evangelicalismo moderno. Charles Finney é o celebrado campeão do movimento que alardeia sinais e prodígios e também o mentor da onda de crescimento eclesiástico.

Muitos no Brasil ficariam surpresos ao tomar conhecimento da posição teológica de Finney. Ele é tido como um dos grandes evangelistas da Igreja cristã, estimado e venerado como modelo de fé e vida. E não poderia ser diferente, visto que as publicações nacionais destinadas a abordar o trabalho de Finney nada fazem além de exaltá-lo, sem qualquer crítica à sua teologia e à sua metodologia. Meu alvo, neste capítulo, não é escrever extensamente sobre o assunto, mas mostrar a relação de causa e efeito que existe entre o ensinamento de Finney e a mentalidade consumista de muitos evangélicos.

Em sua *Systematic Theology* [Teologia sistemática],[2] escrita no final de seu ministério, quando era professor do seminário de Oberlin, Finney abraça ensinos estranhos ao cristianismo histórico. O teólogo defende que a perfeição moral é requisito para a justificação e que ninguém poderá ser justificado enquanto abrigar pecados em si. Finney alega que o verdadeiro cristão perde sua justificação (e, consequentemente, a salvação) toda vez que peca. Também revela que não acredita em pecado original, nem na depravação inerente ao ser humano. Além disso, afirma que o homem é perfeitamente capaz de aceitar por si mesmo, sem a ajuda do Espírito Santo, a oferta do evangelho. Mais surpreendente ainda, Finney nega que Cristo tenha morrido com a finalidade de pagar os pecados alheios: o Messias teria morrido com o propósito de reafirmar o governo moral de Deus e nos dar o exemplo de como agradar ao Pai. Finney é veemente ao negar a imputação dos méritos de Cristo ao pecador e rejeita a ideia da justificação com base na obra de Cristo em lugar dos pecadores. Quanto à aplicação da redenção, ele se opõe à ideia de que o novo nascimento é um milagre divino operado de modo sobrenatural na alma humana. Para Finney, "regeneração consiste em o pecador mudar sua escolha última, sua intenção e suas preferências; ou, ainda, mudar do egoísmo para o amor e a benevolência",[3] e tudo isso movido pela influência moral do exemplo de Cristo ao morrer na cruz.

Reagindo contra a influência calvinista que predominava no Grande Avivamento ocorrido na Nova Inglaterra, Finney trocou a ênfase outrora dada à pregação doutrinária pela ênfase em levar as pessoas a tomar uma decisão ou a fazer uma escolha. No prefácio da obra, ele declara a base de sua metodologia e afirma que um reavivamento não seria um milagre ou não dependeria de um milagre, mas seria, meramente, o resultado filosófico da aplicação correta de certos métodos.

Finney não estava descobrindo uma nova verdade, mas abraçando um erro antigo, defendido ainda no século 4 por Pelágio, que foi condenado como herético pela Igreja. A doutrina de Finney tem sido corretamente descrita por estudiosos evangélicos como semipelagiana (ou mesmo, pelagiana), e o teólogo é considerado um dos maiores responsáveis pela disseminação desse antigo erro entre as igrejas modernas.

Na teologia de Finney, Deus não é soberano, o homem não é pecador por natureza, a expiação de Cristo não constitui pagamento válido pelo pecado, e a doutrina da justificação pela imputação é insultante. A razão, a moralidade e o novo nascimento são produzidos simplesmente por técnicas bem-sucedidas, e o avivamento é resultado de campanhas bem planejadas, segundo métodos adequados.

Antes de Finney, os evangelistas reformados aguardavam sinais ou evidências da operação do Espírito Santo nos pecadores, trazendo-os debaixo da convicção do pecado, para, então, guiá-los a Cristo. Não se utilizavam de meios psicológicos para impor pressão sobre a vontade dos pecadores, pois receavam produzir falsas conversões. Finney, porém, seguiu o caminho oposto, e sua rota prevaleceu. Como o teólogo acreditava na capacidade inerente da vontade humana de tomar decisões espirituais quando assim desejasse, suas campanhas de evangelismo e de reavivamento passaram a girar em torno de um simples propósito: levar os pecadores a fazer uma escolha imediata de seguir Cristo. Com isso, por meio de seus cultos, introduziu novos métodos, como o "banco dos ansiosos" (de onde veio a prática moderna de fazer apelos por uma decisão imediata ao final da mensagem), e o uso de quaisquer medidas que provocassem no pecador um estado emocional propício à opção por Deus — o que incluía apelos sensacionalistas, terríveis denúncias de pecados e alardeamento do juízo divino.

O impacto das técnicas reavivalistas de Finney no evangelicalismo moderno são tremendos. Seus sucessores vêm perpetuando essas práticas e preservando as características originais do movimento: o apelo por decisões imediatas baseadas na vontade humana, o estímulo das emoções como alvo do culto, o desprezo pela doutrina e a ênfase na importância de fazer uma escolha, em vez de enfocar as grandes doutrinas da graça. Muitas igrejas evangélicas atuais, influenciadas pela teologia de Finney, têm adotado procedimentos nos quais as pessoas são vistas como clientes, promovendo, assim, a mentalidade consumista.

O Senhor Jesus preferiu doze seguidores genuínos a uma multidão de consumidores. É preciso reconhecer que, em alguns quartéis evangélicos, a tendência é produzir consumidores, muito mais que reais discípulos de Cristo, e isso se manifesta na forma de cultuar, nas liturgias, nas atrações e nos eventos que promovem.

Um retorno às antigas doutrinas da graça, pregadas pelos apóstolos e pelos reformadores, com ênfase na busca da glória de Deus como alvo maior do homem, poderá melhorar esse cenário.

Acaso *versus* desígnio divino

Será que tudo que nos acontece é por acaso? As circunstâncias pelas quais passamos, sejam elas boas ou ruins, ocorrem acidentalmente, de maneira aleatória, sem que haja uma finalidade? Os que pensam assim acham que Deus não determinou, não decretou nem planejou absolutamente nada com relação aos seres humanos. Não há previsões para a humanidade: nem quanto ao seu futuro histórico ou eterno, nem — e muito menos — quanto aos acontecimentos diários. Nada foi estabelecido por Deus, e isso vale também para eventos naturais como terremotos, *tsunamis*, erupções vulcânicas, acidentes, quedas de avião... Enfim, tudo é imprevisível; não se sabe o que há de vir, não se pode prever absolutamente nada quanto ao fim da História. De acordo com essa linha de pensamento, Deus constrói o futuro em parceria com os seres morais que criou. O porvir é aberto, indeterminado e incognoscível. Até mesmo para o próprio Deus.

Ou será que as coisas que nos acontecem — incluídas as de menor importância e as causadoras de terrível sofrimento — têm um propósito, ainda que na maior parte das vezes o ignoremos? Os que pensam assim entendem que Deus criou o mundo conforme um plano, uma finalidade, um projeto elaborado em conformidade com sua sabedoria, justiça, santidade, misericórdia e poder. Nenhum acontecimento, nem mesmo o mais irrelevante, é aleatório e casual, mas foi previsto pelo sábio plano divino. As decisões humanas são legitimadas pelo livre-arbítrio, mas, de uma forma que não entendemos, elas acabam contribuindo para a concretização do propósito divino, sem prejuízo do fato de que Deus jamais promove o pecado. Tudo o que ocorre, bom ou ruim, é coerente com o intento concebido antes da fundação do mundo.

A melhor maneira de avaliar qual das duas percepções é a correta é perguntando qual delas se aproxima mais da visão bíblica acerca de Deus, do mundo e do homem. Como os autores bíblicos concebiam o mundo, a História e os acontecimentos?

Nenhum conhecedor da Bíblia terá dúvidas quanto à resposta. Os judeus, ao contrário de seus vizinhos pagãos, não acreditavam em sorte, azar, acaso, acidente ou contingências. Eram os filisteus, e não os israelitas, que afirmavam que as coisas podiam acontecer ao acaso (1Sm 6.9). Para os judeus, Deus traçara planos para os homens e as nações, e o cumprimento desses planos era inevitável. Os propósitos divinos não poderiam ser frustrados por homem nenhum (Jó 42.2; Pv 19.21; Is 14.27; 43.13; 46.10-11), e os acontecimentos estavam tão inexoravelmente determinados que Deus dava conhecimento deles de antemão, por intermédio dos profetas. O fato de que os profetas de Israel eram capazes de predizer o futuro com exatidão era a prova de que o Deus de Israel era superior aos deuses pagãos (Is 46.9).

Os autores do Antigo Testamento sempre descrevem eventos aparentemente fortuitos como meios pelos quais Deus realizou seu propósito. Assim, o amalequita que vagueava por acaso nos montes de Gilboa foi o que encontrou e matou o agonizante Saul, cumprindo, assim, a determinação do Senhor de castigar o rei por ter consultado a pitonisa (2Sm 1.6-10; 1Cr 10.13). Ao encontrar casualmente um leão, o homem de Deus foi atacado pelo animal e morreu, e a profecia lançada contra ele foi cumprida (1Rs 13.21-24). O arqueiro que atirou sua flecha ao acaso durante uma batalha acabou atingindo o rei de Israel e, dessa forma, cumpriu-se a predição sobre a morte do monarca (2Cr 18.33). A visita casual que Acazias fez a Jorão e o encontro fortuito com Jeú foram providências divinas para que Acazias fosse morto (2Cr 22.7-9). A tempestade que atingiu o navio em que Jonas fugia para Társis não foi mera contingência, mas resultado da ação divina para que o profeta chegasse a Nínive (Jn 1.4). Dezenas de outras passagens ilustram que, para os autores do Antigo Testamento, nada acontecia por acaso, nem mesmo as pequenas coisas.

Até as ações pecaminosas dos homens são imputadas a Deus pelos autores da velha aliança. O endurecimento do coração do faraó para que não deixasse o povo de Israel sair é atribuído ao Senhor, que queria mostrar sua glória e seu poder sobre os deuses do Egito (Êx 7.3; 9.12). O endurecimento do rei Seom para não deixar Israel passar por sua terra é atribuído a Deus, que queria entregá-lo nas mãos de Israel (Dt 2.30), bem como o comportamento implacável das nações cananeias (Js 11.20). A teimosia dos filhos de Eli fazendo-os recusar o arrependimento é atribuída a Deus, que os queria matar (1Sm 2.25). Contudo, cabe ressaltar que os israelitas não consideravam Deus culpado do pecado humano. O Senhor era reconhecido como santo, justo e verdadeiro, incapaz de contemplar o mal (Hc 1.13). Todos os homens aqui mencionados foram responsabilizados pelas próprias iniquidades.

Assim, a análise bíblica permite concluir que a hipótese de um mundo onde as coisas acontecem ao acaso, acidentalmente, sem propósito, é completamente estranha à cosmovisão judaica.

Quando chegamos aos evangelhos e conhecemos a pessoa de Cristo, encontramos exatamente a mesma visão de mundo, de Deus e da História. Para Jesus, até mesmo os aspectos mais insignificantes da vida, como o número de cabelos da nossa cabeça (Mt 10.30), e corriqueiras, como a morte de pardais (v. 29), estão sob o controle da vontade de Deus. Jesus era capaz de profetizar coisas tão triviais como o local onde se encontrava uma jumenta e seu jumentinho (21.2), o fato de que Pedro acharia moedas na boca de um peixe (17.27), ou que, em determinado instante, um homem entraria na cidade com um cântaro na cabeça (Lc 22.10). Obviamente, esses fatos não aconteceram por acaso.

Jesus se referiu à vontade e ao plano divinos inúmeras vezes, como fez ao ensinar aos discípulos que tinha vindo ao mundo para morrer na cruz e depois ressuscitaria (Mt 17.22-23). As parábolas de Jesus sobre o futuro de Israel e sobre o dia do juízo deixavam pouca dúvida de que, para ele, a História caminhava para um fim já traçado e determinado por Deus. No sermão escatológico, Cristo predisse com exatidão a queda de Jerusalém, a fuga dos discípulos, o surgimento dos falsos profetas, as catástrofes — terremotos, secas, pestes e guerras — que haveriam de suceder à raça humana e as perseguições que sobreviriam aos discípulos antes de sua vinda (Mt 24).

Os discípulos de Jesus, autores do Novo Testamento, tinham exatamente essa noção de que nada ocorre por acaso. Tudo o que dizia respeito a Cristo havia sido minuciosamente determinado por Deus, como o local de seu nascimento (Mt 2.5-6), a fuga para o Egito (v. 15), a mudança para Nazaré (v. 23), os milagres (8.16-17), a traição (Jo 17.12), o sofrimento e a morte na cruz (At 3.18), incluindo-se os detalhes da crueldade com que o trataram, como a ingestão de vinagre (Jo 19.28-29), a destruição da túnica (v. 24) e a perfuração do corpo por uma lança (v. 34-37). E mais: cerca de seiscentos anos antes de sua ocorrência, esses fatos foram revelados por Deus aos profetas de Israel.

E não só os fatos ocorridos com Jesus haviam sido planejados, mas também aqueles que cercaram o nascimento da Igreja

cristã. A substituição de Judas (At 1.16-26), o dia de Pentecostes (2.14-17), a rejeição de Israel (13.40-46), a inclusão dos
gentios na Igreja (15.15-20): tudo fora determinado por Deus
e previsto nas Escrituras pelos profetas. Veja a quantidade de
vezes que Atos dos Apóstolos informa que a história de Cristo
e da Igreja havia sido designada por Deus e anunciada pelos
profetas: 3.18,21-25; 10.43; 13.27,40; 18.28; 26.22.

Nas cartas que escreveram às igrejas, os autores do Novo
Testamento jamais ensinaram aos crentes que as coisas acontecem por acaso. Ao contrário, eles instruíram que a própria
conversão era resultado da vontade divina. Os cristãos foram
predestinados (Rm 8.29-30; Ef 1.5,11), escolhidos antes da fundação do mundo (Ef 1.4). Somos orientados a buscar a vontade
de Deus, submeter-nos a ela e entender que os desígnios divinos controlam a História (Rm 12.2; Ef 6.6; Cl 4.12; 1Ts 5.18;
Hb 10.36). Até mesmo o sofrimento por causa do evangelho
é visto como propósito do Pai (1Pe 3.17; 4.19). Os primeiros
cristãos foram ensinados a reconhecer uma santa conspiração
divina em tudo que lhes acontece (Rm 8.28), a ponto de serem
exortados a dar graças em tudo (1Ts 5.18). Foram aconselha-
dos a dizer sempre: "Se o Senhor quiser, [...] faremos isto ou
aquilo" (Tg 4.15). Paulo afirmava que, se fosse intenção divina,
ele visitaria este ou aquele local (Rm 1.10; 15.32), e começava
suas cartas declarando que fora chamado para ser apóstolo pela
vontade de Deus (1Co 1.1; Ef 1.1; Cl 1.1; 2Tm 1.1).

Os cristãos são encorajados a enfrentar firmes as provações
e tentações, pois Deus não permitirá que sejam provados além
de suas forças (1Co 10.13). Eles devem sofrer com paciência,
em plena confiança de que o Deus que está no controle de todas
as coisas lhes dá a vida eterna e que ninguém poderá arrancá-
-los das mãos do Pai. Os crentes são consolados com a certeza
de que Deus haverá de cumprir todas as suas promessas, e que
há um final feliz para todos os que confiam no Pai e creem em

Jesus Cristo como único e suficiente Salvador. São exortados a permanecer firmes, pois o bem haverá de triunfar sobre o mal, a justiça prevalecerá, e a verdade haverá de predominar. E isso só é garantido porque Deus está no controle. O Senhor conduz a História para o fim que ele mesmo determinou, de maneira sábia e misteriosa, segundo a qual os seres humanos e os anjos são responsáveis por seus atos e têm liberdade para decidir o que bem entendem.

À semelhança dos autores do Antigo Testamento, os do Novo também atribuem a Deus o fato de ímpios e pecadores impenitentes afundarem cada vez mais no pecado. Na epístola aos Romanos, por três vezes Paulo declara que Deus entregou os incrédulos de sua geração à corrupção que os movia, para que afundassem ainda mais no pecado e na iniquidade (Rm 1.24,26,28). Aos tessalonicenses, o apóstolo declara que Deus faz o perverso rejeitar a verdade e crer na mentira (2Ts 2.11). E, à semelhança do Antigo Testamento, o texto da nova aliança responsabiliza os seres humanos por seus pecados e por sua condenação.

Assim, está claro que a ideia de que tudo acontece por mera contingência é fruto da mentalidade pagã das religiões idólatras — cujos deuses são impotentes e egoístas — e também dos maniqueístas e gnósticos, ateus e agnósticos, especialmente os evolucionistas, que defendem que tudo surgiu e acontece como resultado de uma combinação fortuita de tempo e acaso.

Os verdadeiros cristãos, todavia, cantam o antigo hino: "Acasos para mim não haverá".

Se tudo acontece por acaso, que combinação inimaginável de ações aleatórias e catástrofes naturais fortuitas poderá se formar numa conspiração impessoal e não calculada para produzir o final que Deus prometeu na Bíblia? Se Deus não é Deus, então o acaso assume caráter divino, e não temos nenhuma garantia de que o final feliz prometido na Bíblia haverá de acontecer.

Não nos enganemos. A discussão sobre acaso *versus* planejamento não é uma disputa teológica entre cristãos arminianos e calvinistas, pois ambos os grupos concordam que Deus tem um plano, que ele controla a História, que não existe casualidade e que o Senhor conhece o futuro. Ambos aceitam a Bíblia como Palavra de Deus e se guiam por ela. O confronto, na verdade, é entre duas visões de mundo completamente antagônicas: a visão pagã e a visão bíblica. Prefiro mil vezes ficar ao lado dos autores da Bíblia a acompanhar filósofos, teólogos e poetas ateus, agnósticos e racionalistas.

quinta parte

Liderança

Pedro, Paulo e Francisco

A renúncia do papa Bento XVI e a eleição do cardeal argentino Jorge Mario Bergoglio para substituí-lo trouxeram à tona, mais uma vez, a reivindicação, pela Igreja Católica, da legitimidade do papa como sucessor do apóstolo Pedro no papel de cabeça da Igreja de Jesus Cristo aqui na terra. Francisco se assenta no trono de Pedro, defendem os seguidores da instituição romana. Pensemos sobre isso.

Obviamente, a primeira questão a ser esclarecida é se o apóstolo Pedro, de alguma forma, ocupou um trono, se foi uma espécie de papa da Igreja cristã no primeiro século, e se nomeou um sucessor (o qual por sua vez teria nomeado aquele que viria em seguida, e assim por diante, até chegar, de Pedro, a Francisco). Digo "primeira questão" não somente por causa da sequência lógica desse debate, mas por causa da sua relevância. Tanto católicos quanto protestantes tomam as Escrituras Sagradas como a Palavra de Deus. Portanto, é imprescindível que um conceito de tamanha importância tenha um mínimo de fundamento bíblico. Mas será que tem?

É verdade que, em várias ocasiões, o Senhor Jesus distinguiu Cefas, também chamado de Simão Pedro, dentre os demais discípulos. Pedro esteve entre os primeiros a serem comissionados (Mt 4.18), e seu nome sempre ocupa a primeira posição em listas que relacionam os Doze (Mt 10.2; Mc 3.16). Jesus o inclui entre os seus discípulos mais chegados

(Mt 17.1), embora o "discípulo amado" seja João (Jo 19.26). Pedro sempre está à frente dos colegas em várias situações: é o primeiro a andar sobre as águas, indo ao encontro de Jesus (Mt 14.28-29), e a responder à pergunta do Mestre: "Quem dizeis que eu sou?" (16.15-16). Também é o primeiro a repreender Jesus afoitamente após o anúncio da cruz (v. 21-22) e o primeiro a negá-lo (26.69-75). Foi a Pedro que Jesus disse: "Apascenta as minhas ovelhas" (Jo 21.17). Foi a ele que o Senhor instruiu: "Quando te converteres, fortalece os teus irmãos" (Lc 22.31-32). E foi a ele que Jesus dirigiu as famosas palavras: "Tu és Pedro, e sobre esta pedra edificarei a minha igreja, e as portas do inferno não prevalecerão contra ela. Dar-te-ei as chaves do reino dos céus; o que ligares na terra terá sido ligado nos céus; e o que desligares na terra terá sido desligado nos céus" (Mt 16.18-19).

No entanto, não há evidência nenhuma — nem da parte do próprio apóstolo, nem de seus colegas ou das igrejas de sua época — de que Pedro havia sido nomeado por Jesus como o cabeça da Igreja neste mundo, para exercer a primazia sobre os demais apóstolos e sobre os cristãos ou para ser o canal pelo qual Deus falaria, de maneira infalível, ao seu povo. Pedro foi visto e acolhido como um líder da Igreja cristã juntamente com os outros apóstolos, mas jamais como o supremo mentor dos demais.

Para começar, outro apóstolo, Paulo, se sentiu perfeitamente à vontade para confrontar e repreender Pedro publicamente quando, em certa ocasião, este se comportou de maneira dissimulada para com os crentes gentios em Antioquia (Gl 2.11-14). O apóstolo Tiago, por sua vez, foi o líder maior do Concílio de Jerusalém, que tratou da importante questão da participação dos gentios na Igreja; e Pedro estava presente nesse encontro (At 15.1-21). Quando os dignitários eclesiásticos chegaram a uma decisão, ela foi atribuída ao conjunto de "apóstolos e presbíteros", e não exclusivamente a Pedro (v. 22). Os judeus convertidos, líderes da igreja de Jerusalém, para os quais a circuncisão era necessária aos gentios que viessem a crer em Jesus, não hesitaram em questionar Pedro e confrontá-lo abertamente após ouvirem que ele tinha estado na casa de Cornélio, um gentio. Pedro, humildemente, explicou-se diante deles (11.1-18). Os crentes da igreja de Corinto não deram nenhuma mostra de que criam que Pedro pertencia a uma categoria à parte, pois sentiram-se à vontade para formar grupos em torno dos nomes de Paulo, Apolo e do próprio Pedro, sem considerar o último como alguém que estivesse em posição superior (1Co 1.12).

O apóstolo Mateus, autor do evangelho que leva seu nome, não entendeu que a promessa de Jesus feita a Pedro — de que esse receberia as chaves do reino dos céus e o poder de ligar e desligar (Mt 16.18-19) — era uma delegação exclusiva ao apóstolo, pois o capítulo 18 registra estas palavras de Jesus, agora dirigidas a toda a Igreja:

> Se teu irmão pecar [contra ti], vai argui-lo entre ti e ele só. Se ele te ouvir, ganhaste a teu irmão. Se, porém, não te ouvir, toma ainda contigo uma ou duas pessoas, para que, pelo depoimento de duas ou três testemunhas, toda palavra se estabeleça. E, se ele não os atender, dize-o à igreja; e, se recusar ouvir também a igreja, considera-o como gentio e publicano. Em verdade vos digo que tudo o que ligardes na terra terá sido ligado nos céus, e tudo o que desligardes na terra terá sido desligado nos céus.
>
> Mateus 18.15-18

É muito instrutivo notar a maneira como o apóstolo Paulo vê Pedro, a quem sempre se refere como Cefas, seu nome hebraico. Paulo fala de si mesmo, de Apolo e de Pedro como meros instrumentos por meio dos quais Deus faz a sua obra na Igreja (1Co 3.21-23). Se Paulo tivesse entendido que Pedro era o líder máximo da Igreja, não o teria citado por último ao dar exemplos de líderes cristãos que ganhavam sustento e levavam a esposa em missão (9.4-5). Paulo reconhece que Cefas é o líder da igreja de Jerusalém, mas o inclui entre os demais apóstolos (Gl 1.18-19). Ao mencionar os que eram colunas da Igreja, deixa Cefas em segundo, depois de Tiago (2.9). Em seguida, narra sem rodeios o episódio em que confrontou Pedro por este ter se tornado repreensível (v. 11-14). Bastante revelador é o que Paulo escreve quanto ao seu chamado: "Aquele que operou eficazmente em Pedro para o apostolado da circuncisão também operou eficazmente em mim para com os gentios" (v. 8). A julgar por essas palavras, Paulo se considerava tão "papa" como Pedro!

Observe que nem mesmo Pedro se vê como um *primus inter pares*, alguém acima dos colegas de função: quando entrou na casa de Cornélio para pregar o evangelho, o centurião romano se ajoelhou diante dele em devoção. Com estas palavras, Pedro o fez levantar-se: "Ergue-te, que eu também sou homem" (At 10.26). Esvaziando qualquer pretensão de que ele próprio seria o único canal inspirado e infalível pelo qual Deus falava ao seu povo, Pedro reconhece humildemente que os escritos de Paulo são divinamente inspirados (2Pe 3.15). E vai além ao deixar claro que a pedra sobre a qual Jesus Cristo haveria de edificar a sua Igreja era o próprio Cristo (1Pe 2.4-8), dando assim a interpretação final e definitiva da famosa expressão: "Tu és Pedro, e sobre esta pedra edificarei a minha igreja" (Mt 16.18).

Com tudo isso, vemos que, no primeiro século, ninguém cogitava que Jesus dissera a Pedro que esse era a pedra sobre a qual a Igreja cristã seria edificada. Ninguém, nem o próprio Pedro. E nunca a Igreja primitiva tomou medidas para achar um substituto para Pedro após a sua morte.

Isso introduz a segunda questão, acerca da sucessão de Pedro. Creio que basta reproduzir aqui as palavras do próprio Pedro com relação à preservação de seu legado depois de sua morte. Em sua segunda epístola, ele diz ter consciência da proximidade de seu fim e afirma que se esforçará para que os cristãos conservem a lembrança do evangelho que ele e os outros apóstolos pregaram. E deviam lembrar de que forma? Não apontando um sucessor que preservasse esse evangelho como um guardião, mas registrando a mensagem sagrada nas páginas das Escrituras. Foi por esse motivo que ele escreveu a segunda epístola:

> Por esta razão, sempre estarei pronto para trazer-vos lembrados acerca destas coisas, embora estejais certos da verdade já presente convosco e nela confirmados. Também considero justo, enquanto estou neste tabernáculo, despertar-vos com essas lembranças, certo de que estou prestes a deixar o meu tabernáculo, como efetivamente nosso Senhor Jesus Cristo me revelou.
>
> 2Pedro 1.12-14

Qual foi o esforço despendido por Pedro para que, depois que ele morresse, os cristãos conservassem a lembrança do evangelho, conforme a declaração que acabamos de ler? Ele deixou seu legado nas cartas que escreveu e as considera suficientes para manter os cristãos cientes de tudo o que ele e os outros apóstolos ensinaram. Não há a menor referência a um substituto pessoal, alguém que tomaria seu lugar e transmitiria a sucessores o tesouro da fé cristã. Acredito que Pedro se oporia com veemência aos desdobramentos que vieram a culminar no papado e que foram promovidos séculos após a sua morte. Não à toa a nota central da Reforma foi a rejeição da figura do papa e o estabelecimento das Escrituras como única e infalível fonte de revelação divina.

Não questiono que Francisco seja o legítimo sucessor de Bento, como líder da Igreja Católica. O que sustento é que não há nenhum fundamento bíblico para a ideia de que Pedro tenha sido papa e que Francisco seja seu legítimo sucessor.

A vida diária de um apóstolo de verdade

As cartas que Paulo escreveu à igreja de Corinto são as de cunho mais pessoal e que mais revelam como era a vida daquele que é considerado o maior apóstolo do cristianismo.

Como era, afinal, a vida diária de Paulo, um apóstolo de Cristo? O que ele fazia?

- Evitava batizar muita gente, para que não se formasse um fã-clube em torno de seu nome (1Co 1.14-17).
- Pelo mesmo motivo, evitava usar linguagem ostentosa na pregação; pregava somente a Cristo, e este crucificado (2.1-2).
- Buscava prevenir que pessoas se agregassem à igreja impressionadas pelo talento e o carisma de que ele dispunha, em vez de se converterem pela fé em Jesus Cristo (v. 4-5).
- Insistia em exortar seu rebanho a que o visse como mero servo, junto com outros, e que era bem-sucedido em ganhar pessoas para Cristo tão somente por causa da graça de Deus, e não por méritos próprios (3.5-9).
- Diante da tentação de ter seu ministério exaustivamente comparado com os de Apolo e Pedro, repetia que Deus apenas orientava os apóstolos a que fossem fiéis, e não a que buscassem sucesso (4.1-3).

- Muitos, incluindo gente das igrejas que fundara, o consideravam condenado à morte, tomado como espetáculo para o mundo e os anjos, chamado de louco, fraco e desprezível (v. 9-10).
- Em diversas ocasiões, enfrentou fome, sede e nudez. Foi esbofeteado e não tinha moradia fixa nem casa própria (v. 11).
- Trabalhava até se cansar para garantir o próprio sustento (v. 12).
- Era perseguido, injuriado, caluniado e considerado o lixo do mundo, mas não respondia nem revidava a nenhuma dessas provocações (v. 13).
- Muitos alegavam que ele não tinha o direito de receber provisões das igrejas, nem de se fazer acompanhar de uma esposa nos trabalhos missionários intensos e cansativos. Por isso, ele não apenas trabalhava para se manter, como também se recusava a receber salário, ofertas, dízimos e contribuições das igrejas, nos casos em que tal renda pudesse lançar dúvida sobre suas intenções (9.1-12).
- Pregava e evangelizava gratuitamente nas igrejas, sem nada pedir e nada receber, para não comprometer o evangelho de Cristo (v. 15-18).
- Preocupava-se em ser irrepreensível, exercer o autocontrole e dominar suas paixões e desejos, a fim de alcançar autoridade para pregar (v. 25-27).
- Enfrentou a morte várias vezes no trabalho missionário. Em algumas dessas ocasiões, chegou a considerar que havia finalmente atingido a hora extrema (2Co 1.8-9).
- Passava por constantes sofrimentos e angústias por causa das igrejas e dos crentes a quem amava e pelos quais se preocupava individualmente (2.4).
- Perdoava e pedia o perdão dos outros para aqueles que o haviam ofendido e tinham prejudicado seu trabalho (v. 7-8).

- Quando julgava necessário comprovar sua autoridade como apóstolo, apontava para as multidões convertidas pelo evangelho da cruz, o qual pregava com simplicidade e sob o poder do Espírito (3.1-4).
- Tomava todo o cuidado para não adulterar a mensagem do evangelho. Não se utilizava de artimanhas nem procurava enganar seus ouvintes com vistas a tirar deles proveito financeiro (4.1-2).
- Vivia como um condenado, levando em seu corpo a morte de Jesus — na forma de privações, perseguições, sofrimentos, calúnias e injúrias — a fim de manifestar a vida do próprio Cristo (v. 7-15).
- Não depositava sua esperança e expectativa na terra, em riquezas, propriedades ou bens, mas o tempo todo fez menção da glória celestial, das coisas invisíveis e eternas que aguardava como recompensa de seu sofrimento e esforço (v. 16-18).
- Quando se apresentava aos ouvintes como ministro de Cristo, incluía em seu currículo as muitas aflições, angústias, privações, prisões, tumultos, vigílias e jejuns que experimentara na obra do Senhor (6.4-10). Também fazia constar os trinta e nove açoites recebidos dos judeus em pelo menos cinco ocasiões, as três vezes em que foi fustigado com vara, os três naufrágios, os apedrejamentos, os confrontos com salteadores e assassinos, além do constante peso da responsabilidade pelas igrejas que estabelecera (11.24-29).
- Enfrentou privações e teve de trabalhar arduamente para não prejudicar igrejas em que o recebimento de oferta seria motivo para o acusarem de mercenário (v. 7-9).
- Apresentava como motivo de glória o fato de ter fugido de uma cidade — escondido em um cesto e conduzido por irmãos na fé — a fim de escapar com vida (v. 32-33).

- Lutava diariamente com um doloroso espinho na carne, que o abatia e o fazia sofrer. A única resposta que recebia de Deus quanto a essa aflição era a provisão da graça para poder suportá-la (12.7-10).

Muitos se consideram sucessores dos apóstolos, aqui e em Roma. Para confirmar a autoridade desses homens e mulheres, basta compará-los a Paulo!

A formação de pastores evangélicos

A formação de ministros é crucial para a saúde da Igreja cristã. Maus pastores põem a perder congregações inteiras e marcam negativamente a vida de centenas de pessoas — ou mesmo milhares delas, a depender do alcance de seu ministério.

Desde os primórdios, o cristianismo se preocupou com a preparação e a capacitação de seus líderes. Judeu que era, o próprio Senhor Jesus passou pela iniciação religiosa aos 12 anos e aprendeu a lei de Deus com seus pais e os rabinos. E nisso os excedeu, conforme indica Lucas 2.41-51, que descreve o episódio em que Jesus permaneceu no templo, discutindo com os mestres da lei.

Os apóstolos que Cristo chamou foram submetidos a três anos de rigoroso treinamento. Ouviram a exposição da mensagem do Antigo Testamento feita pelo Senhor, elaboraram perguntas e obtiveram respostas, discutiram entre si quanto às realidades divinas, submeteram-se a estágios probatórios ao sair para pregar e exercitar o poder do reino de Deus nas cidades, e conviveram com o Mestre, aprendendo com as atitudes dele. Mesmo assim, conforme nos dizem os evangelhos, depois de três anos de seminário com Jesus ainda não estavam totalmente prontos!

Mais adiante, surge Paulo, que mesmo antes de se converter já experimentara longo período de aprendizado com Gamaliel, um dos melhores rabinos da época. Isso sem falar no treinamento recebido em sua cidade natal, Tarso, que rivalizava com Atenas em intelectualidade e cultura.

Ao prescrever os requerimentos para o pastorado, Paulo exige que o aspirante ao ministério demonstre, entre outras virtudes, ser "apto para ensinar" (1Tm 3.2), "apegado à palavra fiel, que é segundo a doutrina, de modo que tenha poder tanto para exortar pelo reto ensino como para convencer os que o contradizem" (Tt 1.9). De acordo com a Bíblia, portanto, os pastores devem ser teologicamente capazes, apologeticamente argutos e hábeis no ensino. Quer dizer, têm de ser mestres da Palavra. Não é à toa que, ao relacionar os dons básicos para a edificação da Igreja, Paulo se refere a "pastores e mestres" como se fossem a mesma coisa (Ef 4.11).

Então, vem a pergunta: Nos dias de hoje, como garantir que novos líderes recebam tamanho grau de ensinamento e capacitação? O instrumento de trabalho deles será a Bíblia, que foi escrita há mais de dois mil anos, em grego, hebraico e aramaico, numa cultura bastante diferente da nossa. Um livro que tem sofrido nas mãos dos intérpretes durante milênios e é reivindicado como base para toda sorte de heresias e ensinamentos estranhos. Como é que alguém pode querer atender hoje às orientações de Paulo quanto ao preparo para a liderança, se faltam estudo, discipulado, comparações, leituras...? São tudo coisas que demandam tempo, bastante tempo, para não falar de maturidade, humildade, santidade, oração e submissão a Deus.

É ingenuidade pensar que basta ler a Bíblia. Para alguns, se alguém é considerado homem de oração, piedoso e espiritual, está pronto para liderar o povo de Deus. Contudo, julgar desnecessário um intenso treinamento teológico é desconhecer a Bíblia e a história da Igreja. É desse descaso com a instrução teológica que resulta toda a confusão evangélica que temos visto nas igrejas e também denunciada pela mídia secular. Não estou afirmando que apenas os seminários com extensos cursos de teologia preparam bons pastores. É evidente que não. O que estou dizendo, todavia, é que não se pode dispensar o sólido treinamento na boa teologia e na sã doutrina.

Infelizmente, muitos cursos de teologia estão longe de preparar líderes para a Igreja brasileira. Estão infectados com o liberalismo teológico e produzem céticos e intelectuais arrogantes, que não pregam a Palavra nem pastoreiam as ovelhas. Isso sem falar nos institutos que não conseguem formar pastores com boa linha teológica evangélica, pois eles mesmos não seguem linha nenhuma. Essas instituições oferecem currículo e corpo docente tão diversificados e conflitantes que acabam produzindo nada mais que bacharéis rasos, sem firme posicionamento quanto às grandes questões teológicas e práticas do cristianismo. Formam-se, assim, líderes confusos, incertos e cheios de dúvidas.

Ninguém me convence de que a melhor maneira de preparar jovens para o pastorado é encher-lhes a cabeça de incertezas decorrentes da exposição às mais contraditórias linhas de pensamento cético. Precisamos de boas escolas de teologia que conjuguem conhecimento com piedade e que sigam a instrução do apóstolo Paulo para que cresçamos na fé, "levando cativo todo pensamento à obediência de Cristo" (2Co 10.5).

sexta parte

Decência e impureza

O que a Bíblia diz sobre relações homossexuais

O que a Bíblia diz quanto às relações entre pessoas do mesmo sexo? Qual deveria ser a atitude dos cristãos a respeito desse assunto? Para responder a essas questões, vamos começar com a constatação de que existem muitas passagens nas Escrituras que se referem ao relacionamento sexual que, biblicamente, é padrão, normal, aceitável e ordenado por Deus: o casamento monogâmico heterossexual. Menciono umas poucas referências, à guisa de exemplo:

> Criou Deus, pois, o homem à sua imagem, à imagem de Deus o criou; homem e mulher os criou. E Deus os abençoou e lhes disse: Sede fecundos, multiplicai-vos.
>
> Gênesis 1.27-28

> Não tendes lido que o Criador, desde o princípio, os fez homem e mulher e que disse: Por esta causa deixará o homem pai e mãe e se unirá a sua mulher, tornando-se os dois uma só carne?
>
> Mateus 19.4-5

> Quanto ao que me escrevestes, é bom que o homem não toque em mulher; mas, por causa da impureza, cada um tenha a sua própria esposa, e cada uma, o seu próprio marido.
>
> 1Coríntios 7.1-2

Deixará o homem a seu pai e a sua mãe e se unirá à sua mulher, e se tornarão os dois uma só carne. [...] Não obstante, vós, cada um de per si também ame a própria esposa como a si mesmo, e a esposa respeite ao marido.

Efésios 5.31,33

Alguém que seja irrepreensível, marido de uma só mulher...

Tito 1.6

Alguns trechos do Antigo Testamento mencionam que Abraão, Moisés, Davi, Salomão e outros homens de Deus foram polígamos, isto é, tiveram mais de uma mulher ao mesmo tempo. Todavia, devemos lembrar que a vontade de Deus nos foi revelada de maneira progressiva nas Escrituras. O Senhor suportou muitas coisas no período anterior à vinda de Cristo, aguardando que a chegada de seu Filho, o ápice de sua revelação na plenitude dos tempos, trouxesse a completa manifestação de sua vontade para todas as áreas da vida, em particular o casamento. O relacionamento de Cristo com a Igreja, que só ficou claro com a vinda do próprio Messias, estabelece de forma final e definitiva o padrão divino para o casamento, ou seja, heterossexual e monogâmico (cf. Ef 5).

Portanto, a Bíblia só deixa duas opções para os cristãos: casamento monogâmico heterossexual ou vida celibatária. As relações entre pessoas do mesmo sexo são vistas não como prática alternativa, mas como conduta abominável, pecaminosa e antinatural.

O pecado que motivou a destruição de Sodoma e Gomorra foi a prática homossexual de seus habitantes (Gn 18.20; 19.5), associada a outros pecados de natureza social (Ez 16.48-50). A história de Sodoma se tornou paradigma do castigo de Deus contra a perversão sexual (2Pe 2.6; Jd 7). Considerava-se abominação o ato de um homem deitar-se com outro como se fosse com mulher (Lv 18.22). A prostituição cultual, que incluía a prática homossexual, era proibida em Israel (Dt 23.17; 1Rs 14.24).

Ao descrever a justa retribuição divina contra a humanidade, que rejeitara sua revelação, Paulo inclui a entrega judicial, por parte de Deus, dos homens às paixões infames, a saber, o lesbianismo e a homossexualidade, classificados pelo apóstolo como imundícia, desonra, torpeza, erro e prática contrária à natureza (Rm 1.24-27). Numa das cartas que enviou aos coríntios, Paulo inclui os efeminados e os sodomitas entre aqueles que não haverão de herdar o reino de Deus (1Co 6.9-10). Ele repete isso ao escrever a Timóteo, afirmando que os sodomitas figuram entre os que estão debaixo da lei de Deus e serão por ela punidos (1Tm 1.9-10).

Essas passagens evidenciam que não é possível usar as Escrituras para minimizar ou neutralizar a caracterização dessa prática como ato pecaminoso. Também não é possível usar a Bíblia para justificar o estilo homossexual de vida, como tentam fazer os defensores da chamada teologia inclusiva, cujos argumentos têm pouca ou nenhuma sustentação exegética, teológica ou hermenêutica.

A teologia inclusiva alega que Deus é amor e que, para ele, o que importa é que haja amor nas relações humanas, sejam elas quais forem. Assim, se há amor genuíno entre dois homens ou duas mulheres, isso valida suas relações sexuais. A falácia óbvia de tal afirmação é que a mesma Bíblia que nos ensina que Deus é amor igualmente diz que o Senhor é santo e que a sua vontade quanto à sexualidade humana é que essa se expresse dentro do casamento heterossexual, sendo proibidas as relações homossexuais.

Os adeptos dessa corrente de pensamento defendem que as condenações à homossexualidade encontradas em Levítico se referem somente às relações sexuais praticadas em conexão com os cultos idolátricos e pagãos das nações vizinhas de Israel. Além disso, argumentam que tais proibições acompanham o mandado pelo qual os israelitas deviam se abster de comer sangue ou carne de porco, ou seja, fazem parte de um regulamento ultrapassado, que não tem mais validade para os cristãos.

Defendem ainda que a prova de que a homossexualidade era censurada por motivos culturais e cerimoniais era o fato de ser punida com pena de morte por apedrejamento, coisa que não se admite a partir do Novo Testamento. É fato que as relações homossexuais aconteciam nos cultos pagãos dos cananeus, mas não eram exclusividade pagã. É evidente, porém, que a condenação da prática homossexual transcende os limites culturais e cerimoniais, pois é reiterada no Novo Testamento. Ela faz parte da lei moral de Deus, válida em todas as épocas e para todas as culturas. A morte de Cristo aboliu as leis cerimoniais, como a proibição de ingerir determinados alimentos, mas não a lei moral, que expressa a vontade eterna de Deus para a sexualidade humana. Quanto ao apedrejamento, ainda que o Novo Testamento tenha abolido a pena de morte, os pecados outrora punidos dessa forma continuam sendo considerados pecados. É o caso, por exemplo, do adultério e da insistente desobediência aos pais.

Outro argumento é que Jesus Cristo nunca falou contra a homossexualidade. Em compensação, falou bastante contra a hipocrisia, o adultério, a incredulidade, a avareza e outros pecados tolerados pelos cristãos. Sabe-se, todavia, que a razão pela qual Jesus não falou sobre práticas homossexuais é que estas não representavam um problema na sociedade judaica de sua época, que já tinha como padrão o comportamento heterossexual. Não podemos dizer que não havia judeus homossexuais na época de Jesus, mas é seguro afirmar que não assumiam publicamente essa conduta. A homossexualidade não era um problema na Palestina naqueles dias. Entretanto, quando a

Igreja entrou em contato com o mundo gentílico, onde as práticas homossexuais eram toleradas,[1] os autores bíblicos as incluíram nas listas de pecados contra Deus. No entendimento cristão, Paulo e os demais autores bíblicos escreveram sob inspiração do Espírito Santo enviado por Jesus Cristo. Portanto, suas palavras são igualmente normativas para a Igreja.

A teologia inclusiva alega também que o pecado de Sodoma e Gomorra não foi a homossexualidade, mas a falta de hospitalidade para com os visitantes de Ló (Gn 19.1-5). A base para essa afirmação é o fato de o original hebraico de Gênesis 19.5 dizer que os homens de Sodoma queriam conhecer os hóspedes de Ló, e não abusar deles ou ter sexo com eles, como é traduzido em várias versões.[2] Porém, uma simples análise das palavras originais em seus respectivos contextos revela que o termo hebraico *yadah*, usado para dizer que os homens de Sodoma queriam "conhecer" os hóspedes de Ló, é o mesmo termo que o próprio Ló usa para informar, no versículo 8, que suas filhas, por ele oferecidas como alternativa, eram virgens: "Elas nunca conheceram [*yadah*] homem". É evidente, então, que "conhecer" os hóspedes de Ló significava ter relações sexuais com eles.[3] Filo, um autor judeu do primeiro século, em sua obra sobre a vida de Abraão, afirma que os homens de Sodoma se acostumaram gradativamente a ser tratados como mulheres.[4]

Ainda sobre o pecado de Sodoma, alguns teólogos da vertente inclusiva argumentam que o profeta Ezequiel deixou claro que se tratava da soberba e da falta de amparo ao pobre e ao necessitado (Ez 16.49).[5] Contudo, muito antes de Ezequiel, o sodomita era listado juntamente com a prostituta na lei de Moisés: o salário de ambos, ganho com a imoralidade sexual, não deveria ser recebido como oferta a Deus (Dt 23.18). Além do mais, quando contextualizamos a declaração de Ezequiel, percebemos que a soberba e a falta de caridade eram apenas parte dos muitos outros pecados dos sodomitas. O profeta menciona as abominações dos sodomitas, as quais foram a causa final de sua destruição:

> Eis que esta foi a iniquidade de Sodoma, tua irmã: soberba, fartura de pão e próspera tranquilidade teve ela e suas filhas; mas nunca amparou o pobre e o necessitado. Foram arrogantes e fizeram abominações diante de mim; pelo que, em vendo isto, as removi dali.
>
> Ezequiel 16.49-50[6]

A teologia inclusiva sustenta, ainda, que o texto bíblico abriga casos de amor homossexual, sendo a relação de Davi e Jônatas o mais expressivo deles. A passagem a que se referem os seguidores dessa teologia é aquela em que Davi diz sentir um amor excepcional por Jônatas, "ultrapassando o amor de mulheres" (2Sm 1.26). Contudo, qualquer leitor da Bíblia sabe que o maior problema pessoal de Davi era a falta de domínio próprio quanto à atração por mulheres. Foi isso que o levou a se casar com muitas delas e finalmente a adulterar com Bate-Seba, a mulher de Urias (cf. 1Sm 18.27; 25.42-43; 2Sm 3.2-5; 11.1-27). Seu amor por Jônatas nada mais era que a amizade intensa que pode existir entre duas pessoas do mesmo sexo, sem nenhuma conotação erótica.

Alguns defensores da teologia inclusiva chegam a categorizar o relacionamento entre Jesus e João como homoafetivo, pois João, sendo o discípulo amado de Jesus, certa vez reclinou a cabeça no peito do Mestre (Jo 13.25). Aquilo que na cultura oriental era uma demonstração de amizade varonil acaba sendo interpretado como um relacionamento homoafetivo só porque algumas pessoas não conseguem enxergar amizade pura e sincera entre pessoas do mesmo sexo sem lhe atribuir caráter sexual.

Além dessas alegações, os adeptos da teologia da inclusão tentam reinterpretar as passagens do apóstolo Paulo contra a prática homossexual, afirmando que ele apenas repetiu a proibição de Levítico contra a prostituição cultual, tanto de homens como de mulheres, proibição essa que não se aplicaria fora do contexto do culto idolátrico e pagão. Todavia, basta que se leia o texto aos romanos para esclarecer o que Paulo de fato condenava:

> Por causa disso, os entregou Deus a paixões infames; porque até as mulheres mudaram o modo natural de suas relações íntimas por outro, contrário à natureza; semelhantemente, os homens também, deixando o contato natural da mulher, se inflamaram mutuamente em sua sensualidade, cometendo torpeza, homens com homens, e recebendo, em si mesmos, a merecida punição do seu erro.
>
> Romanos 1.26-27

Não há a menor menção à idolatria ou ao culto a falsos deuses aqui. Paulo quis dizer o que o texto quer dizer. Ao se referir ao lesbianismo como pecado, o autor deixa claro que está tratando de todas as relações homossexuais, entre homens ou mulheres, e não apenas da pederastia — alegação de alguns —, visto que esta só pode acontecer entre homens.

Alega-se também que em 1Coríntios 6.9 os termos "efeminados" e "sodomitas" não são referências aos homossexuais, mas a pessoas de caráter moral fraco (*malakoi*, pessoa "suave") e que praticam a imoralidade em geral (*arsenokoites*, palavra que teria sido inventada por Paulo). Todavia, se é esse o sentido, o que significam os termos "impuros" e "adúlteros", que aparecem na mesma lista? Por que Paulo repetiria esses conceitos? Na verdade, "efeminado" se refere ao que toma a posição passiva no ato homossexual — esse é o sentido do termo na literatura grega da época[7] —, e "sodomita" é referência ao homem que deseja ter coito com outro homem.[8]

Eis outra tentativa de justificar essa condenável teologia: hoje, muitas igrejas cristãs históricas já aceitam a prática homossexual como normal e, com isso, homossexuais praticantes, homens e mulheres, são recebidos não somente como membros ativos dessas igrejas, mas também como pastores e pastoras. Tais igrejas igualmente defendem e aceitam a união civil e o casamento de homossexuais.[9] Contudo, é preciso observar que a aceitação da prática homossexual por parte dessas instituições só aconteceu depois de um longo processo de rejeição da inspiração, da infalibilidade e da autoridade da Bíblia. Uma vez que adotaram o método histórico-crítico, que por definição admite que a Bíblia é condicionada culturalmente e que reflete os erros e os preconceitos da época de seus autores, a aceitação da prática homossexual foi apenas um passo previsível — e outros ainda virão. Entretanto, aos cristãos que recebem a Bíblia como a infalível e inerrante Palavra de Deus, só faz sentido tratar a prática homossexual como uma das relações sexuais consideradas pecaminosas, a exemplo do adultério, da prostituição e da fornicação.

Contudo, é um erro pensar que a Bíblia encara a prática homossexual como o mais grave dos pecados. Na verdade, existe um pecado para o qual não há perdão, mas com certeza não se trata da homossexualidade. Trata-se da blasfêmia contra o Espírito Santo, que consiste em atribuir a Satanás o poder pelo qual Jesus Cristo realizou seus milagres e prodígios neste mundo (Mc 3.22-30).

Consequentemente, não é correto usar a Bíblia como base para considerar os homossexuais os piores dos pecadores, julgando estarem além da possibilidade de salvação e merecerem todo ódio e desprezo por parte da humanidade em geral e dos cristãos em particular. É lamentável e triste que isso tenha acontecido no passado e ainda aconteça hoje. A mensagem da Bíblia é esta: "Todos pecaram e carecem da glória de Deus"

(Rm 3.23). Todos nós precisamos nos arrepender de nossos pecados e nos submeter a Jesus Cristo, o Salvador, pela fé, para recebermos o perdão dos pecados e a vida eterna.

Lembremos ainda que os autores bíblicos sempre tratam da prática homossexual juntamente com outros pecados. O texto de Levítico proíbe não somente as relações entre pessoas do mesmo sexo, como também o adultério, o incesto e a bestialidade, tudo isso no mesmo capítulo (Lv 20.10,13,16-17). Quando Paulo relaciona os que não herdarão o reino de Deus, sodomitas e efeminados aparecem ao lado de idólatras, adúlteros, impuros, ladrões, avarentos, bêbados e maldizentes (1Co 6.9-10). E quando ele se refere ao lesbianismo e às relações entre homens como sendo torpeza e erro, logo em seguida fornece uma lista de outros pecados decorrentes do abandono judicial, da parte de Deus, dos homens às suas paixões: avareza, inveja, mentira, homicídio e calúnia, só para mencionar algumas (Rm 1.28-31). Da mesma forma que nas igrejas cristãs havia adúlteros e prostitutas convertidos mediante a fé em Jesus Cristo, havia também efeminados e sodomitas na lista dos que foram perdoados e transformados (1Co 6.9-11).

É imprescindível fazer aqui uma importante distinção. O que a Bíblia condena é a prática homossexual, e não a tentação a essa prática. Não é pecado ser tentado à homossexualidade, da mesma forma que não é pecado ser tentado ao adultério, desde que se resista a ele, claro. As pessoas que sentem atração por outras do mesmo sexo — e também as que são inclinadas ao roubo, à prostituição, ao alcoolismo e outros pecados — devem lembrar que tal desejo resulta da desordem moral que entrou na humanidade com a queda de Adão. Elas precisam saber, ainda, que podem receber graça e poder para resistir e vencer, em Cristo Jesus, o segundo Adão.

Identificam-se várias causas para a atração por pessoas do mesmo sexo, entre as quais as mais comumente citadas são:

abuso sexual sofrido na infância, famílias disfuncionais, experiências negativas com pessoas do sexo oposto, promiscuidade, desejo de chocar os outros e até mesmo tendências genéticas — estas ainda sendo objeto de intensa polêmica. Todavia, do ponto de vista bíblico, a homossexualidade resulta da idolatria, da incredulidade e do abandono da glória de Deus por parte da raça humana, conforme Romanos 1.18-32. Portanto, para quem crê na Bíblia, não é possível justificar as práticas homossexuais sob a alegação de compulsão incontrolável e inevitável, embora os que sofrem com isso devam ser objeto de compaixão e ajuda da Igreja cristã.

É preciso considerar ainda que, se repudiamos toda manifestação de ódio, incluem-se as hostilizações contra homossexuais. Contudo, isso jamais deveria nos impedir de declarar, com sinceridade e respeito, nossa convicção bíblica de que a prática homossexual é pecaminosa e que, portanto, não podemos concordar com ela, nem com leis que a legitimam.

Carta a um ex-*gay*

Considerando as tentações a que são expostos irmãos e irmãs que no passado viveram na prática homossexual, mas a abandonaram, resolvi elaborar uma carta na qual abordo desafios e questionamentos comumente experimentados por esses homens e mulheres. O texto propriamente dito e os personagens nele citados são fictícios, mas verossímeis:

Meu caro Sandro,

espero que esta carta o encontre bem, com muita saúde e alegria em todas as coisas.

Soube, por seu pastor, que você está pensando em desistir da fé e sair da igreja porque, passados já cinco anos desde que recebeu Jesus como seu Senhor e Salvador, você continua a sentir desejos homossexuais e atração por homens. O pastor me disse também que Rita, a mulher com quem você é casado, tem sofrido muito com tudo isso, embora você seja bastante honesto com ela e não tenha, em nenhum momento, sido infiel no casamento.

Seu pastor, meu amigo de longa data, pediu que lhe escrevesse, especialmente pelo fato de que fui eu quem o ajudou nos primeiros dias depois de sua experiência de conversão. Espero que esta carta seja usada por Deus para socorrer você neste momento difícil pelo qual está passando.

Você se lembra que eu o alertei do fato de que a fé em Jesus como Senhor e Salvador não implicaria a imediata libertação de todas as consequências espirituais, psicológicas e mentais do período em que você viveu como homossexual praticante? O pecado deixa profundas cicatrizes em nossa vida e marca nossa consciência a ferro e fogo, imprimindo-lhe imagens, experiências, interesses e desejos cuja superação demanda muitíssimo tempo.

O pastor me falou que você vem lendo publicações cujos autores afirmam que os homossexuais, uma vez convertidos, são completamente libertos não somente da prática de relações com indivíduos do mesmo sexo, como também da atração por essas pessoas.

Sandro, não duvido que em algumas situações isso possa acontecer. Sei que há casos concretos de pessoas que viviam na homossexualidade e que, depois da conversão a Jesus Cristo, libertaram-se desse tipo de atração. Todavia, essa não é regra — e, infelizmente, esse é o seu caso. Você precisa entender que a recorrência de desejos homossexuais depois de uma legítima conversão não significa necessariamente uma derrota, muito menos que Deus falhou com você.

Penso que você precisa rever um ponto básico da doutrina cristã, que é a diferença entre pecado e tentação. A atração por pessoas do mesmo sexo é diferente da prática de relações sexuais com elas. A primeira é tentação, a segunda é pecado. Tentação e pecado são duas coisas distintas.

Sandro, eu tenho um coração corrompido pelo pecado: a minha natureza é pecaminosa, a despeito da minha justificação pela fé em Cristo e da presença do Espírito de Deus em mim. Diariamente, do meu coração impuro procedem desejos, intenções, reações e pensamentos carnais e pecaminosos. Associam-se a isso as tentações externas promovidas pelo mundo, pelas pessoas com quem interajo e por Satanás.

Todos os dias, homens cristãos casados são tentados a olhar uma segunda vez para outras mulheres e se sentem compelidos a imaginar e desejar ter relações com elas. Contudo, ser tentado a esse tipo de coisa é diferente de fantasiar essas relações ou mesmo praticá-las. Dia após dia, cristãos verdadeiros reprimem esses desejos, rejeitam tais pensamentos e evitam olhar pela segunda vez. Pensam na esposa, nos filhos e, particularmente, em Deus, que odeia e abomina o adultério. Pensam ainda no Senhor Jesus, que morreu também por causa desses pecados. Cada dia em que esses irmãos resistem a impulsos dessa natureza é um dia de vitória e libertação.

Prezado Sandro, creio que o mesmo raciocínio pode se aplicar a diversas compulsões pecaminosas, como desejos homossexuais, interesse em machucar outras pessoas, cobiça por bens materiais... A lista é grande. A conversão a Cristo não significa a expulsão imediata do pecado que habita nosso coração. É isso que você precisa entender.

Agora, deixe-me voltar a um daqueles estudos bíblicos que conduzi no início do seu discipulado. Você se recorda do quadro que desenhei num daqueles domingos?

O quê?	Libertação de quê?	Quando?	Com que frequência?
Justificação	Culpa do pecado	Passado	Uma única vez
Santificação	Poder do pecado	Presente	Continuamente
Glorificação	Presença do pecado	Futuro	Uma única vez

Em outras palavras, a libertação da culpa do pecado, isto é, a justificação, é um ato divino, único e pontual, no qual Deus nos considera justos diante dele mesmo, com base nos méritos de Cristo. Corresponde à nossa experiência de conversão, arrependimento e fé. Ocorre uma única vez e é definitiva, e constitui a base das etapas seguintes. Foi o que aconteceu naquele dia em que você, arrependido e quebrantado, voltou-se para Cristo em fé, suplicando-lhe o perdão de seus pecados.

A etapa seguinte é a libertação do poder do pecado. Trata-se da santificação, processo que se inicia imediatamente depois da justificação e que se estende até o fim da vida física. Cabe ressaltar que esse processo não implica erradicação do pecado nem plena restauração da natureza humana decaída. Cabe ao convertido dominar essa natureza e subjugá-la. Esse é o estágio em que você está vivendo agora. Lembra-se da ênfase que dei à necessidade de usar os meios da graça, como oração, meditação e comunhão com outros irmãos em Cristo? Lembra-se de que oramos para que o Espírito de Deus produzisse diariamente em você o fruto do domínio próprio? Neste processo há uma luta constante, ferrenha e interminável que você tem de travar contra o pecado que habita em você, contra as tentações de Satanás e do mundo. Todavia, essa luta propriamente dita não é pecado. Ser tentado não é pecado. Sentir desejos pecaminosos, ter vontade de fazer o mal e disposição para levar a efeito o que é errado são coisas que vão nos acompanhar todos os dias de nossa vida, e não são pecado — a menos que as coloquemos em prática. A vitória consiste em recorrer ao poder do Espírito para dizer *não* a esses impulsos.

A terceira etapa é a glorificação, quando ocorrerá a libertação da presença do pecado em nós. Ela ocorrerá no momento de nossa morte ou, se estivermos vivos, na vinda do Senhor Jesus, quando os mortos serão ressuscitados e os crentes vivos, transformados. Todos os filhos de Deus se tornarão como o Senhor Jesus, terão um corpo glorificado e sem pecado, imortal e incorruptível, com o qual viverão eternamente no novo céu e na nova terra, onde habita a justiça. Só então você e eu seremos finalmente livres dos desejos carnais que residem em nosso coração.

Deus não prometeu que você seria liberto de toda tentação e de todos os desejos a partir do momento em que cresse em

Jesus Cristo como Senhor e Salvador. Você foi perdoado e justificado de seus pecados, incluindo a homossexualidade. Mas isso representou apenas o início de sua libertação do poder do pecado, processo esse que é incompleto e imperfeito nesta vida, embora se mostre bastante real. Você precisa aprender a dominar os desejos pecaminosos, inclusive a vontade de ter relações com pessoas do mesmo sexo. Isso em nada difere do que se espera dos crentes heterossexuais, que devem subjugar seus desejos de prostituição, fornicação, adultério, impureza e pornografia.

Após a conversão, você recobrou a atração pelo sexo oposto, casou-se com Rita e tiveram dois filhos. Mas isso nunca significou que você estava livre da atração pelo mesmo sexo — a prova disso é essa tentação que você agora experimenta.

Outros irmãos, por sua vez, não conseguiram se casar e optaram por viver solteiros, no celibato, sem relações sexuais com ninguém. Resolveram renunciar a tudo para se manter fiéis a Cristo. Afinal, foi o próprio Jesus quem afirmou que o caminho é estreito e a porta é apertada. Em qualquer situação, Sandro, a vitória consiste em resistir ao desejo e seguir o caminho da obediência.

Se prestar atenção, perceberá que esse seu desânimo revela que, de alguma forma, você foi levado a pensar que a conversão o libertaria completamente dos desejos de outrora. Espero que esta carta seja útil para levá-lo de volta ao caminho da verdadeira libertação.

Por favor, não interprete mal o que digo aqui. Não estou alegando que o poder de Deus é limitado, nem dando margem para que você se sinta à vontade para retomar antigos pecados. Como eu disse, as relações homossexuais — tanto as efetivamente praticadas como as fantasiadas — são pecado e iniquidade. Mas ser tentado a praticá-las não é pecado. Portanto, fique firme, não deixe de exercer as disciplinas espirituais, continue a conversar com a Rita e a abrir seu coração para ela, e siga vendo seu pastor regularmente. Conte comigo no que precisar. Acima de tudo, não desista, pois Deus nunca nos prometeu uma viagem tranquila, somente uma chegada certa.

Concluo declarando a minha mais completa confiança na veracidade destas promessas bíblicas, que deixo para sua meditação:

> Porque o pecado não terá domínio sobre vós; pois não estais debaixo da lei e sim da graça.
>
> Romanos 6.14

> Porque, quando éreis escravos do pecado, estáveis isentos em relação à justiça. Naquele tempo, que resultados colhestes? Somente as coisas de que, agora, vos envergonhais; porque o fim delas é morte. Agora, porém, libertados do pecado, transformados em servos de Deus, tendes o vosso fruto para a santificação e, por fim, a vida eterna; porque o salário do pecado é a morte, mas o dom gratuito de Deus é a vida eterna em Cristo Jesus, nosso Senhor.
>
> Romanos 6.20-23

Do seu irmão e amigo,

Augustus

Profissão: prostituta

Existe um antigo projeto na Câmara dos Deputados, em Brasília, que visa a regulamentar e legalizar a prostituição. Seus defensores alegam que o projeto é um esforço para atender às reivindicações de um movimento de prostitutas ocorrido nos anos 1970 e 1980, em defesa das liberdades individuais e dos direitos humanos das minorias. Um dos argumentos de um deputado a favor da aprovação é que, segundo afirmou, 60% dos próprios parlamentares contratam prostitutas.[1]

Se essa afirmação for verdadeira, ela revela uma realidade estarrecedora sobre aqueles que deveriam ser um exemplo de vida para os brasileiros. Sim, pois certamente mais de 60% dos deputados são homens casados. Além de prostituição, estamos falando de adultério. Porém, não é esse o nosso ponto por enquanto. A questão é: cristãos comprometidos com a Bíblia podem ser a favor de um projeto dessa natureza?

O assunto não é fácil, reconheçamos, mas qualquer perspectiva dos cristãos sobre este ou qualquer outro tema deve passar pelo crivo das Escrituras. No caso da prostituição, vejamos o que diz a Palavra.

Os primeiros relatos bíblicos a mencionar a prostituição a relacionam com as religiões pagãs da antiga Canaã. Os cultos pagãos mantinham sacerdotisas que praticavam sexo com os adoradores de Baal e de outros deuses para "encenar" a relação dessas divindades com a terra. Essas mulheres eram

chamadas de prostitutas cultuais (Gn 38.21-22). Havia homens (homossexuais) nessa função, igualmente chamados de
prostitutos cultuais, prática considerada por Deus uma abominação (1Rs 14.24).

A prostituição é mencionada também fora do contexto religioso, como meio de vida. As meretrizes recebiam pagamento
por seus serviços sexuais (Ez 16.30-33; Pv 6.26). Portanto, não
é correto dizer que a Bíblia condena a prostituição somente
no contexto da prática da idolatria e dos cultos pagãos, como
alegam alguns.

Vemos também que a prostituição física foi usada pelos autores bíblicos como símbolo da prostituição espiritual, que era
a adoração de outros deuses por parte dos judeus (Êx 34.15-16;
Lv 17.7; 20.6). No capítulo 16 de Ezequiel, por exemplo, o profeta se utiliza desse recurso para descrever como, a despeito
do cuidado de Deus, Israel se prostituiu e traiu o Senhor com
ídolos de outras nações.

A prostituição era terminantemente proibida ao povo de
Deus no Antigo Testamento. Um pai não podia obrigar sua filha a se prostituir para ajudar na renda da família (Lv 19.29).
Um sacerdote não poderia se casar com uma mulher que fosse
prostituta (21.7,14), e o sacerdote cuja filha se prostituísse teria
o ministério desonrado (v. 9). Nenhuma mulher que servia no
templo poderia se prostituir (Dt 23.17), e o dinheiro obtido pela
prostituição não poderia ser trazido como oferta a Deus (v. 18).

A prostituição de judeus com mulheres pagãs sempre foi
um problema, e Deus castigava os envolvidos (Nm 25.1-4;
Jz 16.1). Mas isso não significa que não havia prostitutas em
Israel (1Rs 22.38); exemplo é o caso das duas meretrizes que
disputam o filho diante do rei Salomão (3.16). O livro de Provérbios descreve não apenas a prostituta e seu comportamento, como também o castigo que traz para si e para todos os
que se envolvem com ela (Pv 7). Esse mesmo livro traz sérias

advertências contra a prostituição (23.27; 29.3). A meretriz é considerada uma mulher que não tem vergonha (Jr 3.1-3), é depravada (Ez 23.43-44) e adúltera (Os 2.2).

O Senhor Jesus incluiu a prostituição entre os pecados que brotam do coração corrompido do homem (Mt 15.19). O apóstolo Paulo a considerou uma das obras da carne (Gl 5.19) e parte da nossa natureza terrena pecaminosa (Cl 3.5). Ele condena de maneira veemente, com argumentos teológicos, a prática da prostituição por quem é crente em Jesus Cristo (1Co 6.15-16) e determina que os cristãos se abstenham dessa conduta (1Ts 4.3). O livro de Apocalipse usa a figura da meretriz como símbolo das falsas religiões e dos reinos do mundo que perseguem os servos de Deus (Ap 17.1-5; 19.2).

Mas é importante notar o seguinte: apesar de a prostituição ser terminantemente proibida na Palavra de Deus, as prostitutas não estão fora do perdão nem da salvação, mediante o arrependimento e a fé. Foi o que aconteceu com a famosa Raabe (Js 2.1). Jesus disse que meretrizes arrependidas, em oposição aos religiosos de sua época, entram primeiro no reino de Deus (Mt 21.31-32).

Diante do exposto, os cristãos jamais poderiam ser a favor de um projeto de lei que regulamenta a prostituição como profissão reconhecida e legítima. Para nós, mesmo que fatores sociais e econômicos sejam trazidos como argumentos para justificar a prostituição, ela sempre será um pecado diante de Deus, uma manifestação da natureza corrompida do ser humano. Cristãos verdadeiros acreditam em arrependimento e mudança de vida pelo poder do evangelho. Creem ainda que tanto os que se prostituem quanto os que se utilizam desses serviços precisam se arrepender. Além de pregar o evangelho, as igrejas deveriam oferecer serviços de apoio para que aqueles que realmente pretendem mudar de vida tenham condições de obter seu sustento de maneira digna.

Casamento e fornicação

Com a desvalorização do casamento em nossa cultura, que também testemunha a relativização dos valores morais e a tendência de contrariar tudo aquilo que é estabelecido, muitos cristãos nutrem a curiosa ideia de que a Bíblia não prescreve o casamento, o qual se resumiria num acordo mútuo de duas pessoas que optam por viver juntas. E esse acordo bastaria para que fossem consideradas casadas diante de Deus.

Por causa dessa ideia, não é pequeno o número de evangélicos que têm uma vida sexual ativa com o namorado ou a namorada — o que a Bíblia chama de *fornicação*, o sexo entre solteiros. Não vou aqui me prolongar defendendo aquilo em que creio, isto é, que o sexo é uma bênção a ser desfrutada somente no casamento. Namorados que praticam relações sexuais estão pecando contra a Palavra de Deus. Embora não haja na Bíblia nenhum versículo que diga explicitamente: "É proibido o sexo pré-marital" (orientação desnecessária na época em que o texto bíblico foi escrito, visto que na cultura do antigo Oriente não existia namorado, noivo, "ficante" e similares), é evidente que, na perspectiva bíblica, o casamento é uma instituição divina da qual o sexo é parte integrante e essencial.

Alguns textos mostram que o matrimônio era uma instituição legítima entre o povo de Deus e também o ambiente próprio para desfrutar do sexo:

Majorai de muito o dote de casamento e as dádivas, e darei o
que me pedirdes; dai-me, porém, a jovem por esposa.

Gênesis 34.12

[Não] contrairás matrimônio com os filhos dessas nações.

Deuteronômio 7.3

E lhe dará uma jovem em casamento...

Daniel 11.17

Qualquer que repudiar sua mulher, exceto em caso de relações
sexuais ilícitas, a expõe a tornar-se adúltera; e aquele que casar com a repudiada comete adultério.

Mateus 5.32

Podem acaso estar tristes os convidados para o casamento,
enquanto o noivo está com eles?

Mateus 9.15

Se essa é a condição do homem relativamente à sua mulher,
não convém casar.

Mateus 19.10

Porquanto, assim como nos dias anteriores ao dilúvio comiam
e bebiam, casavam e davam-se em casamento...

Mateus 24.38

Três dias depois, houve um casamento em Caná da Galileia,
achando-se ali a mãe de Jesus. Jesus também foi convidado,
com os seus discípulos, para o casamento.

João 2.1-2

Ao que lhe respondeu a mulher: Não tenho marido. Replicou-
-lhe Jesus: Bem disseste, não tenho marido; porque cinco

maridos já tiveste, e esse que agora tens não é teu marido; isto disseste com verdade.

João 4.17-18

Quanto ao que me escrevestes, é bom que o homem não toque em mulher; mas, por causa da impureza, cada um tenha a sua própria esposa, e cada uma, o seu próprio marido.

1Coríntios 7.1-2

Caso, porém, não se dominem, que se casem; porque é melhor casar do que viver abrasado.

1Coríntios 7.9

Estás livre de mulher? Não procures casamento. Mas, se te casares, com isto não pecas; e também, se a virgem se casar, por isso não peca.

1Coríntios 7.27-28

A mulher está ligada enquanto vive o marido; contudo, se falecer o marido, fica livre para casar com quem quiser, mas somente no Senhor.

1Coríntios 7.39

Que cada um de vós saiba possuir o próprio corpo em santificação e honra, não com o desejo de lascívia, como os gentios que não conhecem a Deus; e que, nesta matéria, ninguém ofenda, nem defraude a seu irmão; porque o Senhor, contra todas estas coisas, como antes vos avisamos e testificamos claramente, é o vingador, porquanto Deus não nos chamou para a impureza e sim para a santificação.

1Tessalonicenses 4.4-7

Ora, o Espírito afirma expressamente que, nos últimos tempos, alguns apostatarão da fé, por obedecerem a espíritos enganadores e a ensinos de demônios, pela hipocrisia dos que

falam mentiras e que têm cauterizada a própria consciência,
que proíbem o casamento...

1Timóteo 4.1-3

Alguém que seja irrepreensível, marido de uma só mulher...

Tito 1.6

Digno de honra entre todos seja o matrimônio, bem como o
leito sem mácula; porque Deus julgará os impuros e adúlteros.

Hebreus 13.4

Essas passagens, e há ainda outras, mostram que o matrimônio é o caminho prescrito por Deus para quem não quer ficar solteiro ou permanecer viúvo. O casamento era, sim, uma
instituição oficial para o povo de Deus. As relações sexuais
fora do casamento nunca foram aceitas, nem em Israel, nem
na Igreja primitiva, a julgar pela quantidade de leis contra a
fornicação e a impureza sexual, e também pelas recomendações e exemplos que fortalecem o casamento como instituição
para o povo de Deus em todas as épocas.

O ônus de provar que namorados podem ter relações sexuais é dos libertinos. Posso me justificar biblicamente diante de Deus por viver com minha namorada como se ela fosse
minha esposa, não sendo nós casados? Caso afirmativo, como
lido, então, com esses tantos trechos bíblicos que apontam o
casamento como única opção válida para quem não quer ficar
solteiro ou viúvo?

Para dizer a verdade, o que ocorre é aquilo que Judas menciona em sua carta ao se referir a ímpios que transformam "em
libertinagem a graça de nosso Deus" (Jd 4). Argumentos do
tipo "Então, quem casou Adão e Eva?" não somente demons-
tram alto grau de má vontade para acatar a orientação bíblica,
como revelam a disposição do coração para continuar na prática

da fornicação. Ainda assim, diante de uma alegação dessa, bem podemos responder: "O caso de Adão e Eva não nos serve de paradigma, a não ser que você tenha sido criado por Deus diretamente do barro e sua namorada tenha sido tirada de sua costela. Se esse não é o caso de vocês, então devem se sujeitar ao paradigma que Deus estabeleceu para toda a raça humana, descendência de Adão e Eva, que é assumir compromisso público diante de autoridades civis e religiosas".

Existem ainda os que defendem que é melhor os namorados cristãos terem sexo responsável entre si do que procurarem prostitutas ou garotos de programa. Ora, isso nem merece resposta. O que falta realmente é domínio próprio, castidade, submissão à vontade de Deus, amor à santificação. Já chegamos ao ponto em que rapazes e moças cristãos têm vergonha de dizer — até mesmo em reuniões de mocidade e de adolescentes na igreja — que são virgens!

Tenho compaixão dos jovens e adolescentes de nossas igrejas. Mas sinto uma santa ira contra os libertinos, que pervertem a graça de Deus; são pessoas ímpias, que desviam nossa juventude para o caminho da perdição. Porém, há que se ter em mente que o Senhor nos diz: "A mim me pertence a vingança; eu é que retribuirei" (Rm 12.19).

Palavrão? @#%&*$!!! Como assim?!

De vez em quando, visito perfis e leio comentários de alguns "amigos" no Facebook e não poucas vezes deparo com fotos meio eróticas, linguajar chulo e palavrões do pior tipo. Sei que uma parte desses amigos não é crente em Jesus Cristo. Mas quero falar sobre os que se identificam como crentes e publicam declarações de fé e amor a Jesus misturadas a material grosseiro ou obsceno.

Para alguns, os argumentos em favor do uso de palavrões pelos crentes podem parecer bons: "Todo mundo fala assim", "Meus colegas de trabalho são descrentes e não quero parecer um alienígena", "Não tenho nenhuma intenção maligna ou pornográfica" e afirmações semelhantes a essas.

Para os cristãos que tomam a Bíblia como regra de fé e prática e como o referencial de Deus para sua vida, a pergunta é: o que fazer, então, com estas passagens?

> Raça de víboras, como podeis falar coisas boas, sendo maus? Porque a boca fala do que está cheio o coração. O homem bom tira do tesouro bom coisas boas; mas o homem mau do mau tesouro tira coisas más. Digo-vos que de toda palavra frívola que proferirem os homens, dela darão conta no dia do juízo; porque, pelas tuas palavras, serás justificado e, pelas tuas palavras, serás condenado.
>
> Mateus 12.34-37

Não vos enganeis: as más conversações corrompem os bons costumes.

1Coríntios 15.33

Não saia da vossa boca nenhuma palavra torpe; e sim unicamente a que for boa para edificação, conforme a necessidade, e, assim, transmita graça aos que ouvem.

Efésios 4.29

Mas a impudicícia e toda sorte de impurezas ou cobiça nem sequer se nomeiem entre vós, como convém a santos; nem conversação torpe, nem palavras vãs ou chocarrices, coisas essas inconvenientes; antes, pelo contrário, ações de graças. Sabei, pois, isto: nenhum incontinente, ou impuro, ou avarento, que é idólatra, tem herança no reino de Cristo e de Deus. Ninguém vos engane com palavras vãs; porque, por essas coisas, vem a ira de Deus sobre os filhos da desobediência. Portanto, não sejais participantes com eles.

Efésios 5.3-7

Finalmente, irmãos, tudo o que é verdadeiro, tudo o que é respeitável, tudo o que é justo, tudo o que é puro, tudo o que é amável, tudo o que é de boa fama, se alguma virtude há e se algum louvor existe, seja isso o que ocupe o vosso pensamento.

Filipenses 4.8

Agora, porém, despojai-vos, igualmente, de tudo isto: ira, indignação, maldade, maledicência, linguagem obscena do vosso falar.

Colossenses 3.8

A vossa palavra seja sempre agradável, temperada com sal, para saberdes como deveis responder a cada um.

Colossenses 4.6

As interpretações desses versículos podem variar, mas não resta dúvida de que o conjunto deles traz uma mensagem uniforme: o filho de Deus é diferente do mundo, no que pensa e no que fala. A pureza e a santidade que a Bíblia requer dos cristãos abrange não somente seus atos, como também seus pensamentos e palavras.

Eu sei que muitos vão dizer que o problema tem relação com o conceito do termo "palavrão". Entendo. Sei que palavras que ontem arrepiavam os cabelos de quem as ouvia hoje são parte do vocabulário comum. Sei também que expressões tomadas como palavrão numa região do Brasil podem não ser assim caracterizadas em outras regiões. Mas, mesmo considerando tudo isso, ainda há muitos cristãos que lançam mão de palavrões no sentido usual. Basta ler as publicações desses crentes em blogues e redes sociais para comprovar o uso indiscriminado de termos de baixo calão.

Penso que a vulgarização do vocabulário dos evangélicos é mero reflexo da constatação que o cristianismo brasileiro é superficial. Que há muita gente se dizendo cristã, embora nunca tenha experimentado de fato o novo nascimento. Que as igrejas evangélicas estão cedendo ao mundanismo e ao relativismo de nossa sociedade. E que, em vez de sermos sal e luz, estamos nos igualando ao mundo no modo de viver, agir, pensar e falar.

Proponho a retomada daquele corinho que entoávamos quando crianças:

> O sabão lava o meu rostinho,
> Lava o meu pezinho, lava a minha mão.
> Mas, Jesus, pra me deixar limpinho,
> Quer lavar meu coração.
>
> Quando o mal faz uma manchinha,
> Eu sei muito bem quem pode me limpar:
> É Jesus! Eu não escondo nada,
> Tudo ele pode apagar.

sétima parte

Dons espirituais ontem e hoje

Atos simbólicos no Espírito?

Não faz muito tempo, pessoas de visibilidade no meio evangélico brasileiro geraram polêmica ao começar a imitar animais durante *shows* de música *gospel*, mediante suposta unção do Espírito Santo. Esse comportamento parece ter começado em 1994, na Igreja do Aeroporto, em Toronto, Canadá, famosa por ter inaugurado a "bênção do riso santo". Naquele ano, ao pregar ali, um pastor chinês, líder das igrejas cantonesas de Vancouver, começou a urrar como um leão. O pastor local, John Arnott, que na época estava ausente do país, foi chamado às pressas de volta. A liderança que conduzira a igreja enquanto Arnott esteve fora afirmou ter entendido o bizarro comportamento do pastor chinês como inspiração do Espírito Santo.

Convidado por Arnott a retornar para uma entrevista na presença de toda a congregação, o pastor chinês mais uma vez caiu na plataforma e, apoiado sobre mãos e pés, começou a rugir como um leão, engatinhando de um lado para o outro e gritando: "Deixem meu povo ir! Deixem meu povo ir!". Passado tal êxtase, o pastor chinês explicou que, durante anos, seu povo fora iludido pelo dragão, mas agora o Leão de Judá haveria de libertá-los. A igreja irrompeu em gritos e aplausos de aprovação, e Arnott convenceu-se de que aquilo vinha realmente do Espírito de Deus. Isso acabou provocando o desligamento dessa igreja da denominação a que era afiliada, a

Vineyard Fellowship, que discordou quanto à procedência divina daquela manifestação.

Mas parece que a moda pegou. A partir dali, os sons de animais passaram a fazer parte daquilo que começou a ser conhecido como "bênção de Toronto". Houve casos de pessoas rugindo como leão, cantando como galo, grasnando como águia, mugindo como boi e bradando gritos de guerra. Para Arnott, eram "profecias encenadas" em que Deus enviava sua mensagem à igreja mediante tais sons e atitude. Arnott passou a admitir e a defender manifestações desse tipo como parte do suposto avivamento que na época ocorria na Igreja do Aeroporto.

Acredito que o argumento para "profecias encenadas" ou "atos proféticos", tão em voga hoje nos *shows* e cultos do movimento *gospel* e do pentecostalismo sincrético, se baseie no fato de, no passado, Deus ter orientado seus servos a que transmitissem mensagens ao povo usando objetos e dramatizações. Não é difícil achar exemplos disso no Antigo Testamento. Deus ordenou que Jeremias atasse canzis (cangalhos) ao pescoço, como símbolo do cativeiro do povo de Israel (Jr 27.2); que comprasse um cinto de linho e o enterrasse às margens do Eufrates até que apodrecesse, também representando a futura deportação dos judeus para a Babilônia (13.1-11); e que adquirisse uma botija de barro e a quebrasse na presença do povo, para simbolizar a mesma coisa (19.1-11). O Senhor também instruiu que Isaías andasse nu e descalço por três anos, como representação do castigo divino contra o Egito e a Etiópia (Is 20.1-4). E poderíamos citar outros casos desse tipo.

No Novo Testamento, o único exemplo de profeta que entrega a Palavra de Deus e a ilustra com um ato simbólico é o de Ágabo, que amarrou os próprios pés e mãos com um cinto, para simbolizar a prisão de Paulo (At 21.10-11).

Ao investigar a natureza dos atos proféticos da Bíblia, percebemos neles traços em comum. Vejamos alguns.

Esses atos foram manifestos por profetas de Deus, como Isaías e Jeremias, levantados pelo Senhor para entregar a mensagem sobre o futuro da nação de Israel e a vinda do Messias. Ou seja, tais atos tinham a ver com a história da salvação, o registro dos atos salvadores de Deus na História. Esses episódios ilustravam revelações diretas de Deus para o seu povo, por intermédio dos profetas. No caso de Ágabo, tratava-se de uma revelação sobre a vida do apóstolo Paulo, homem que o Senhor haveria de inspirar para escrever a maior parte do Novo Testamento. Portanto, a mensagem daqueles atos proféticos se cumpriu literalmente, como os profetas disseram que haveria de acontecer.

Sem revelação direta, infalível e inerrante da parte de Deus, não há atos simbólicos. Uma vez que não há mais profetas e apóstolos — que eram os canais dessas revelações infalíveis —, não há nada que justifique a existência de tais atos.

Essa é a compreensão do autor de Hebreus, que relega ao passado aqueles modos de Deus falar ao seu povo. Agora, o Senhor nos fala por meio de sua suprema representação: Jesus (Hb 1.1-3). Tanto é assim que os únicos atos simbólicos determinados por Jesus, cuja mensagem é fixa e imutável, foi o batismo com água e a ceia com pão e vinho em memória dele. Tais atos ilustram e representam nossa união com o Salvador. Fora isso, não encontramos outra recomendação ao uso de manifestações simbólicas para transmitir a mensagem divina. Portanto, no meu entendimento, os "atos proféticos" e as "profecias encenadas" que vemos hoje nada mais são que uma tentativa inútil de imitar os profetas e os apóstolos.

Tendo Deus se revelado em Jesus Cristo, tendo ele estado entre nós e transmitido pessoalmente a sua Palavra, tendo os apóstolos registrado essa mensagem de maneira infalível e suficiente nas Escrituras, pergunto: qual é a necessidade de profecias encenadas e atos simbólicos? Se alguém não entende a mensagem de Deus registrada claramente na Bíblia, vai entendê-la mediante um simbolismo confuso de encenações e gestos? A Bíblia nos basta!

"Deus é sempre o mesmo"

Apesar de a Bíblia nos instruir que Deus é imutável, não podemos perder de vista o fato de ela também nos ensinar que ele nem sempre age da mesma forma o tempo todo. Entretanto, muita gente pensa que Deus deve agir hoje exatamente como agiu no período bíblico, visto que o Senhor é o mesmo, sempre. Mas será que a imutabilidade de Deus é uma espécie de garantia de que ele sempre agirá da mesma forma na História?

Sugiro que, de saída, investiguemos uma das passagens mais usadas para defender a ideia de que Deus age sempre do mesmo modo: "Jesus Cristo, ontem e hoje, é o mesmo e o será para sempre" (Hb 13.8). Em que sentido e com que propósito o autor de Hebreus fez essa declaração? Existem duas possibilidades.

Se tiver relação com o versículo 7, em que o autor menciona a fidelidade dos pastores mortos por causa da fé em Cristo, a declaração visa a mostrar que os pastores morrem e passam, mas o Supremo Pastor permanece para sempre: ele é nossa confiança e refúgio eternos. Portanto, o versículo 8 não se refere à maneira de Jesus Cristo agir, mas àquilo que ele é, ou seja, imortal.

Por outro lado, esse trecho das Escrituras também pode ser uma introdução para o que vem em seguida, no versículo 9, um alerta do autor contra as "doutrinas várias e estranhas" que se infiltravam na comunidade. Geralmente, essas doutrinas estranhas dos primórdios do cristianismo tinham a ver com a pessoa de Cristo, como era o caso do gnosticismo e do legalismo judaizante. Todavia, o autor de Hebreus lembra que Jesus Cristo foi e é sempre o mesmo. As novas doutrinas sobre Jesus o apresentavam de maneira diferente daquela anunciada pelos apóstolos — é isso o que justifica o termo "estranhas". Assim, também nessa interpretação, verificamos que o texto de Hebreus 13.8 não diz respeito ao modo de Cristo agir, mas à sua imutabilidade.

Concluímos, então, que esse versículo não serve de base para afirmar que Jesus Cristo não muda em sua maneira de agir e em seu modo de intervir na História.

Todos concordamos que Deus é capaz de criar outros mundos, sóis e estrelas; entretanto, segundo as Escrituras, ele já cessou sua obra de criação. Todos concordamos que Deus poderia repetir seu ato criador descrito no Gênesis, mas nenhum de nós espera realmente que ele o faça; ninguém ora por esse tipo de coisa. Afinal, o fato de que nosso Deus é o mesmo ontem, hoje e para sempre não significa que ele sempre terá de criar mundos. E essa constatação é, no mínimo, um precedente para considerarmos a possibilidade de que Deus pode deixar de agir de determinadas formas.

A Bíblia abriga outros exemplos de atividades sobrenaturais que cessaram. Um deles é o caso dos profetas do Antigo Testamento. O Senhor Jesus afirmou que João Batista foi o maior e o último dos profetas (Mt 11.13; Lc 16.16). Os registros do Novo Testamento aludem aos profetas da velha aliança sempre no plural, descrevendo-os como um grupo definido e fechado (cf. Mt 11.13; 23.29; 1Ts 2.15; Hb 11.32; Tg 5.10; 1Pe 1.10-12), cujos escritos são mencionados ao lado da lei mosaica. O autor de Hebreus declara que a atuação daqueles portadores da mensagem divina já havia cessado, pois servia apenas ao modo como outrora Deus se revelara ao seu povo.

As profecias foram, então, substituídas por uma revelação maior e mais excelente: Jesus (Hb 1.1-2). O Novo Testamento considera os antigos profetas homens santos, inspirados por Deus, aos quais foi revelado o mistério de Cristo (2Pe 1.20-21).

Semelhantemente, já não temos homens com a autoridade dos apóstolos — os legítimos sucessores dos profetas — para escrever textos inspirados e infalíveis, ou para realizar curas extraordinárias. O ofício apostólico, restrito aos Doze e a Paulo, cessou quando eles morreram. A Igreja não nomeou nem elegeu novos apóstolos para substituir os que desceram à cova.

Todos nós cremos que ainda hoje Deus pode levantar pessoas revestidas de tal autoridade, inspirá-las para que escrevessem de modo inerrante e capacitá-las com dons de cura. Contudo, entendemos, pelas próprias Escrituras, que essa atividade sobrenatural cessou. O texto sagrado já está completo. O que os profetas e os apóstolos fizeram serviu a um propósito divino em determinado período da história da salvação. E esse é mais um precedente em favor do que estamos argumentando: Deus não age sempre do mesmo modo.

Ninguém espera que Deus chame uma pessoa e lhe faça a mesma promessa que fez a Abraão, de que o Salvador do mundo nasceria de sua semente. Ninguém espera que o Filho de Deus torne a se fazer homem no ventre de uma virgem e morra outra vez na cruz pelos pecados de seu povo. Sim, Deus, que é o mesmo ontem, hoje e para sempre, pode fazer todas essas coisas se repetirem, mas certamente não o fará. São fatos que aconteceram de uma vez por todas, cumprindo um propósito único e definido na história da redenção.

Da mesma forma, Deus não parece estar disposto a reproduzir os grandes milagres do passado, registrados no Antigo Testamento. Não esperamos que, num momento de crise, Deus abra mares para que seu povo os atravesse à vista de todo um exército de incrédulos. É claro que ele poderia fazê-lo, mas não temos nenhuma garantia ou promessa de que assim fará.

Será que alguém realmente espera que Deus sustente um povo por quarenta anos com pão do céu e água da rocha, e com sandálias que resistam a todo esse tempo no deserto? Ou que ele faça o Sol parar no firmamento por um dia inteiro? Ou que levante líderes dotados de força física sobrenatural como a de Sansão?

Não há nenhuma promessa de que Deus repetirá esses feitos. E, até onde sei, não há registro histórico de que esses fatos tenham se repetido. A despeito disso, nosso Senhor é o Deus onipotente e todo-poderoso que sempre foi e será, o que não o impede de, em sua sabedoria, agir de formas diferentes em épocas diferentes.

Como vimos, o argumento de que Deus hoje age exatamente da mesma forma como agiu no período bíblico carece de fundamentação exegética, além de ignorar as Escrituras no que elas afirmam quanto à existência de um plano divino que se cumpre progressivamente na História. Precisamos ter cuidado antes de dizer que tudo o que ocorria nas igrejas do período apostólico deve ocorrer hoje e que a fé é suficiente para tal. Não podemos deixar o propósito de Deus fora dessa questão.

O dia de Pentecostes

Senti vergonha de mim mesmo um tempo atrás, mais especificamente em 12 de junho de 2014. Era o dia de Pentecostes, uma data comemorativa móvel do calendário litúrgico cristão, e nem me dei conta disso. Lembrei que naquela ocasião se comemorava o Dia dos Namorados, mas não que coincidia com o dia de Pentecostes.

Faço parte da maioria de evangélicos reformados que não presta muita atenção ao chamado calendário litúrgico da Igreja. Acho que, em parte, esse desinteresse pelas datas festivas religiosas é uma reação, por vezes inconsciente, aos abusos praticados pela Igreja Católica contra esse calendário.

O fato é que o dia de Pentecostes está razoavelmente firmado na história da Igreja. O Pentecostes era a festa dos judeus celebrada cinquenta dias depois da Páscoa. Foi durante uma celebração dessa data que o Espírito Santo de Deus veio sobre os apóstolos e os 120 discípulos em Jerusalém, cerca de cinquenta dias após a morte do Senhor, de acordo com Atos 2.1-4. E é justamente por causa dessa manifestação do Espírito que os cristãos se interessam pela data, e não pela festa judaica em si.

A descida do Espírito naquele dia marcou o início da Igreja cristã. Todavia, apesar de ser considerado um evento da mesma magnitude e importância que a morte e a ressurreição do Senhor Jesus, a visitação do Espírito acabou se tornando motivo de polêmicas e controvérsias em meio à cristandade, embora as diversas correntes evangélicas convirjam em muitos aspectos acerca do assunto. Concordamos, por exemplo, que a vinda do Espírito representou o início da Igreja cristã. Afirmamos que ele veio para capacitar os discípulos com poder para pregar o evangelho ao mundo. Admitimos que ele concede dons espirituais ao povo de Deus e nos ilumina, santifica, guia e consola em nossas tribulações. Reconhecemos que devemos buscar a plenitude do Espírito mediante a oração. Cremos que nossos pecados entristecem o Espírito. Sabemos que o Espírito em nós é a garantia de que haveremos de herdar o reino de Deus.

Entretanto, a despeito desse amplo consenso, restam diferenças de entendimento sobre vários aspectos da obra do Espírito e sobre o significado histórico-teológico do Pentecostes. Cabe dizer que, apesar da falta de unanimidade, as diversas linhas de pensamento têm entre seus defensores irmãos idôneos, dedicados a Deus e usados por ele.

Enumero aqui algumas dessas diferenças, ainda que de forma resumida:

1. *O significado histórico do Pentecostes.* Para muitos, o que aconteceu no Pentecostes é um paradigma, um modelo e um padrão para hoje: a descida do Espírito, o revestimento de poder e a diversidade de línguas estão hoje à disposição da Igreja exatamente como aconteceu naquele dia no cenáculo em Jerusalém. Os que assim acreditam se caracterizam pela busca constante dessa experiência. Para eles, o Pentecostes esteve fora da realidade eclesiástica por quase dois mil anos, e foi somente em 1906, no chamado "avivamento da Rua Azusa", em Los Angeles, que ele voltou a ocorrer nas igrejas. Desde então, tem se repetido constantemente entre os cristãos de todo o mundo.

De outro lado, há os que pensam diferente, embora creiam ser possível experimentar a plenitude e o poder do Espírito

Santo hoje. Sou um deles. Sim, desejo e busco constantemente ser cheio do Espírito. Todavia, não creio que cada vez que eu ou outro irmão somos cheios dele ocorra uma repetição do Pentecostes, mas, sim, uma apropriação pessoal daquele evento, que aconteceu de uma vez por todas e, por isso, não pode ser repetido. O Pentecostes foi o cumprimento do que predisseram os profetas da velha aliança: o Messias derramaria seu Espírito sobre seu povo. Foi esse o entendimento de Pedro, que, em Atos 2, afirma que a descida do Espírito era o cumprimento das palavras de Joel. O Pentecostes é um evento da história da salvação e, à semelhança da morte e da ressurreição de Cristo, não se reproduz. E, da mesma forma que ainda hoje nos beneficiamos da morte e da ressurreição do Senhor, continuamos a beber daquele Espírito que veio a nós de maneira definitiva e a nos encher dele.

2. *A nomenclatura escolhida para o ato de ser cheio do Espírito.* Alguns irmãos dão a essa experiência de plenitude e revestimento de poder o nome de "batismo com o Espírito Santo", ou "batismo no Espírito Santo". Outros, entre os quais me incluo, não estão certos de que tais designações sejam as mais corretas. Ninguém discorda de que devemos buscar essa plenitude. Eu quero ser sempre cheio do Espírito, mas não acho que devamos denominar esse preenchimento de "batismo". Meus motivos para isso estão num artigo que escrevi comparando a posição de John Stott e Martyn Lloyd-Jones.[1] Fico com Lloyd-Jones em enfatizar a necessidade de buscarmos esse enchimento como uma experiência distinta da conversão, mas fico com Stott em não chamá-la de "batismo". Apesar da diferença de nomenclatura, acredito que nisto estamos juntos: todos precisamos nos encher constantemente do Espírito de Deus.

3. *Os sinais miraculosos que acompanharam a descida do Espírito.* Há quem acredite que falar em línguas é o sinal externo da descida do Espírito sobre uma pessoa. Os que assim creem

estão sempre em busca dessa experiência e encorajam os novos convertidos a fazer o mesmo. Contudo, não encontro na Bíblia evidência suficiente que me convença de que a plenitude do Espírito Santo sempre será seguida pelo falar em línguas e que devemos buscar essa manifestação como um dos melhores dons. No Pentecostes, houve outros sinais além das línguas, como o som de um vento impetuoso e a aparição de línguas de fogo, que, ao que tudo indica, aparentemente não são repetidos nas experiências de hoje (salvo desinformação de minha parte).

A minha dificuldade — e de muitos outros — é que não consigo ver nas cartas do Novo Testamento nenhuma orientação, ordem ou diretriz para que os crentes busquem o batismo com o Espírito seguido pelas línguas. O que encontro são ordens para que nos enchamos do Espírito, andemos no Espírito, vivamos no Espírito e cultivemos uma vida no Espírito. Bem, este ponto é mais controverso e costuma acirrar os ânimos com maior frequência e intensidade do que os discutidos anteriormente neste capítulo. Ainda assim, existe o consenso de que, sem os dons do Espírito, é impossível para a Igreja realizar sua missão neste mundo.

Lamento tão somente que, apesar de termos tantas similaridades quanto ao que cremos sobre o Espírito, acabemos divididos pela arrogância por parte daqueles que se acham os únicos conhecedores do Consolador e pela soberba daqueles que se consideram teologicamente superiores aos que vivem apenas à base de experiências.

Minha oração é que, a despeito das diferenças, todos os que verdadeiramente creem no Senhor Jesus e o amam de todo o coração glorifiquem o Pai e o Filho por eles terem enviado o Espírito Santo para santificar, capacitar e usar sua Igreja.

Cessacionismo e continuísmo

Fiquei imaginando o que eu diria se fosse entrevistado sobre a cessação e a continuação dos dons espirituais mencionados na Bíblia. Desse exercício nasceu a entrevista fictícia que reproduzo a seguir.

Pastor Augustus, os dons espirituais cessaram?

Primeiro, é necessário definir a que dons nos referimos. Acredito que, hoje, o Espírito continua concedendo à Igreja a maioria dos dons mencionados na Bíblia. Mas tenho a impressão de que outros dons foram concedidos somente por um tempo, a determinadas pessoas, para atender aos propósitos de Deus para determinada época. Portanto, esse segundo tipo não está mais disponível. Por isso, antes de mais nada, convém esclarecer de que dons estamos tratando ao falar em cessação ou continuação.

Outro aspecto a ser levado em conta é que, de acordo com a história bíblica, Deus não agiu sempre da mesma maneira em todas as épocas. As Escrituras descrevem muitas ações miraculosas e sobrenaturais que ocorreram somente uma vez, ou durante um tempo específico, e não foram repetidas. Assim, por princípio, devemos admitir que Deus é soberano para agir de formas distintas ao longo da História e que, ao fazê-lo, concede diferentes dons a diferentes pessoas em diferentes épocas. Não podemos restringir a ocorrência de determinados dons somente a um período histórico, nem requerer que todos os dons necessariamente ocorram em toda a História.

Então você não se define como um cessacionista?

Se por cessacionista você se refere a uma pessoa que não acredita na concessão de dons pelo Espírito Santo à Igreja hoje, é claro que não sou cessacionista. Se, por outro lado, um continuísta é alguém que acredita que todos os dons espirituais mencionados na Bíblia estão disponíveis hoje aos cristãos, sendo a fé suficiente para recebê-los, é claro que também não sou um continuísta. Creio num caminho intermediário e para o qual ainda não achei um nome. Não me considero cessacionista nem continuísta, pois acredito que alguns dons continuam como eram no Novo Testamento, outros cessaram e ainda outros continuam apenas em parte.

A discussão atual gira mais em torno dos dons chamados sobrenaturais, como curas, línguas e profecias. Se Deus é o mesmo ontem, hoje e para sempre, esses dons não estariam disponíveis em nosso tempo, como estavam na época dos apóstolos?

Poderíamos perfeitamente aplicar a esses e outros dons o princípio de que já falei: o Senhor age de maneiras diferentes em épocas diferentes. Não podemos confundir a imutabilidade de Deus, que significa que sua essência e seus atributos nunca mudam, com a mesmice (no sentido de falta de variedade) de Deus, que significa que ele sempre age da mesma forma. Teoricamente, Deus poderia ter concedido os dons relacionados com curas, línguas e profecias a algumas pessoas durante o período apostólico e, uma vez cessado aquele período, suspendido a atuação desses dons. Não vejo em que aspecto o fato de admitirmos isso afeta a imutabilidade de Deus ou diminui a glória e o poder divinos. Querer que Deus sempre atue da mesma maneira, isso sim, o engessa num padrão rígido, sem a possibilidade de que ele opere de maneiras diferentes em épocas diferentes para atingir seus propósitos.

Mas o que havia de tão especial no período apostólico para que Deus concedesse esses dons sobrenaturais apenas naquela época?

Estamos falando do período de transição entre a antiga e a nova aliança. Tinha a ver com a vinda de Jesus Cristo ao mundo e com o cumprimento de todas as promessas que Deus havia feito a seu povo pelos profetas de Israel. Inauguravam-se os últimos dias, o fim dos séculos, a última hora. O Espírito prometido foi derramado naquela época. Tendo Deus levantado os Doze e Paulo para, por meio deles, explicar e registrar esses fatos, era necessário que o período mais importante da história da redenção fosse marcado por sinais, prodígios e maravilhas feitos por pessoas extraordinárias, como os apóstolos e seus associados. Era preciso deixar claro que era Deus quem estava por trás daqueles acontecimentos e da transição entre alianças. Uma parte dos dons mencionados no Novo Testamento está relacionada diretamente a esse período e aos apóstolos, como os dons de curar e fazer milagres e a profecia como veículo de revelações. Aparentemente, o dom de línguas também estava relacionado àquela época e tinha como propósito, entre outros, sinalizar visivelmente a chegada do Espírito Santo aos diferentes grupos que compunham a Igreja primitiva (judeus, samaritanos, gentios e discípulos de João Batista).

Algumas das listas de dons espirituais registradas no Novo Testamento citam parte desses dons como ferramentas do Espírito dadas a todos os crentes para edificar a Igreja de Cristo. O que tem a dizer quanto a isso?

Essas listas aparecem em Efésios 4, Romanos 12, 1Coríntios 12 e 1Pedro 4. Não vejo dificuldade aqui. O que precisamos é definir com mais precisão o que cada um desses dons representa. O que significa, por exemplo, o dom de profetizar? Os crentes que tinham esse dom eram profetas iguais a Isaías e Jeremias, que foram capazes de predizer o futuro de Israel e das nações com incrível exatidão? Ou será que os profetas cristãos se limitavam a edificar, exortar, consolar e instruir as igrejas, como Paulo diz em 1Coríntios 11.3,31? E o que significam os dons de curar e o de realizar milagres? Por que ele só é citado em associação com o ministério dos apóstolos? E, por falar nisso, o que quer dizer "apóstolo" na lista de Efésios 4? O termo pode significar tão somente enviados, missionários, sem qualquer relação com os Doze e Paulo. Infelizmente, as pessoas não levam em conta que existem determinados aspectos da função do profeta, do ofício do apóstolo e mesmo do dom de línguas que parecem estar relacionados somente àquela época. Se considerarmos isso, podemos até dizer que todos os dons permanecem ainda hoje, mas que alguns de seus aspectos ou atributos cessaram após o período apostólico.

E qual seria, então, o parâmetro para distinguir entre os dons que permanecem e os que teriam cessado?

Acredito que a regra de ouro é esta: todos os dons que serviram de veículo para revelações ou que estavam diretamente ligados aos portadores de revelações, isto é, aos apóstolos, cessaram com a morte desses mensageiros. Tomemos como ilustração o dom de profecia. Acredito que esse dom continua ainda hoje, mas serve somente para fins de exortação, consolo e confrontação baseada na Palavra. Já o aspecto revelador da profecia — que vemos, por exemplo, em João, ao escrever Apocalipse, ou em Paulo e Pedro, ao fazerem previsões quanto à vinda de Cristo, a ressurreição dos mortos e fatos similares — não existe mais, cessou.

Da mesma forma, o apostolado. Se entendermos apóstolo como missionário, enviado das igrejas para pregar o evangelho aos povos (e, no grego, é esse o sentido básico do termo), não vejo problema em dizer que ainda hoje temos apóstolos entre nós. Mas, é certo que não existem mais apóstolos no sentido dos Doze e de Paulo, os quais viram o Senhor Jesus ressurreto, foram chamados diretamente por ele, durante seu ministério terreno ou numa aparição após a ressurreição, e não apenas receberam poderes extraordinários de curar e realizar milagres, como também foram veículos da revelação divina, tendo profetizado acerca das intenções de Deus para seu povo e, em sentido mais amplo, para o mundo. E tem mais: foram inspirados pelo Espírito Santo a registrar, de modo infalível e inerrante, a própria Palavra de Deus. Obviamente, nenhum dos que hoje se intitulam apóstolos tem essas credenciais; portanto, não podem ser considerados revestidos de autoridade apostólica como a de Pedro, Tiago, João e Paulo. Então, estamos falando de um ministério que permanece somente em parte.

Por esse critério, o dom de línguas teria cessado também.

Não necessariamente, pois, até onde entendo, esse dom não constitui veículo de revelação, ao contrário da profecia. Acredito que os relatos de Atos e de 1Coríntios 14 nos dão informações suficientes para concluir que o conteúdo das línguas era o louvor a Deus (At 2.11; 10.46). O dom consistia na capacidade de louvar e exaltar a grandeza divina num idioma ignorado pelo adorador e tinha de ser traduzido a fim de promover a edificação da igreja. Portanto, teoricamente, não é regra que esse dom tenha cessado, pois não se destinava a transmitir revelações divinas. Todavia, a história da Igreja contém indícios significativos de que tal ministério cessou após o período apostólico. Na eventualidade de uma expressão genuína desse dom hoje, espera-se que esteja em concordância com as regras bíblicas de 1Coríntios 14: dois ou três falando em sequência e acompanhados de intérprete. Como normalmente não é esse o caso nas igrejas que alegam ser providas desse ministério, continuo questionando a legitimidade dessas manifestações. Contudo, devo dizer que, em princípio, estou aberto para expressões autênticas desse dom.

Isso quer dizer que os crentes que falam em línguas são mentirosos ou estão sendo influenciados pelo diabo?

Claro que não. Seria uma temeridade afirmar esse tipo de coisa. Prefiro pensar que boa parte das ocorrências envolvem irmãos sinceros, que julgam estar de fato falando em línguas, por terem sido ensinados dessa forma. Receberam a orientação de que o dom de línguas se caracteriza pelo balbucio de palavras incompreensíveis, num êxtase emocional. Há até mesmo irmãos que foram instruídos sobre como fazer isso: "Relaxe a língua, forme uma palavra desconhecida em sua mente e repita essa palavra até que ela saia espontaneamente de sua boca...".

Não consigo perceber que mal há em falar em línguas hoje nas igrejas. Qual o problema?

Se as línguas faladas não derivam de Deus, trata-se de imitação, e isso deve trazer algum prejuízo ou incorrer em perigo de ordem espiritual. Não posso afirmar ao certo, mas imagino que pode produzir arrogância e falsa espiritualidade, além de abrir a porta para a atuação de demônios ou a manifestação da natureza pecaminosa do homem. Na verdade, perigos desse tipo estão presentes em qualquer expressão meramente humana, e não apenas no caso do dom de línguas.

Alguns diriam que você nunca falou em línguas porque nunca foi realmente batizado com o Espírito Santo.

Eu sei. Já me disseram isso cara a cara, num congresso de irmãos pentecostais. A minha resposta é que, segundo Paulo, todos os crentes verdadeiros já foram batizados com o Espírito Santo (1Co 12.13), mas nem todos falam em línguas

(1Co 12.30). Se não for assim, terei de dizer que os reformadores e os grandes missionários da história da Igreja nunca foram batizados com o Espírito Santo, pois, até onde se sabe, nunca falaram em línguas. Todavia, em termos comparativos, eles fizeram mais pelo reino de Deus do que os que hoje insistem em dizer que as línguas são o sinal inequívoco do "batismo" com o Espírito Santo.

Deus cura hoje?

Sem dúvida nenhuma. Eu mesmo já fui curado por Deus. Porém, é preciso que os dons de curar sejam diferenciados das curas que Deus realiza em resposta à oração. Aqueles que tinham o dom de curar — aparentemente restrito aos apóstolos e a seus associados — nunca falhavam: cada vez que determinavam a cura, ela acontecia. Não há caso registrado de que alguém comprovadamente imbuído desse dom, como Paulo e Pedro, tenha comandado a cura e ela não tenha ocorrido. Estamos falando da cura de cegos, coxos, aleijados, surdos e mudos, muitos dos quais nem tinham fé. Sem contar a ressurreição de mortos. Obviamente depois dos apóstolos, não surgiu ninguém na história da Igreja, até os dias de hoje, com esse mesmo poder. E aqui incluo homens como Agostinho, Martinho Lutero, João Calvino, John Wesley, George Whitefield, James Hudson Taylor, Charles Spurgeon, Dwight L. Moody e outros que não podem ser acusados de não ter fé ou de ser carnais.

Isso não quer dizer que Deus deixou de curar depois do período apostólico. Ele o faz ao responder às orações por cura, conforme sua soberana vontade. E nem sempre a resposta é positiva. Estou certo de que, se fizéssemos uma pesquisa, ela revelaria que, em proporção, o índice de enfermidades entre os que acreditam na permanência dos dons de cura é o mesmo que o número de doentes entre os que acham que esse ministério já cessou.

Certa vez, Jesus afirmou que quem cresse nele faria os mesmos sinais que ele fez. Essa promessa é verdadeira ou não?

O que Jesus disse foi que eles fariam as mesmas obras, e não os mesmos sinais (Jo 14.12). Embora o termo "obras" possa se referir aos milagres que o próprio Cristo realizou, é mais provável que ele se referia à evangelização e à conquista de almas, sendo essas as únicas obras dos apóstolos consideradas mais importantes que os feitos de Cristo. A verdade é que, em dois mil anos de história do cristianismo, nunca ninguém conseguiu superar os milagres de Jesus.

E quanto a sonhos e visões?

De acordo com o autor da carta aos Hebreus, Deus de fato se revelou de maneira extraordinária antes de Cristo, falando por meio dos profetas, a quem inspirou com visões e sonhos, conforme declara o Antigo Testamento. Com a vinda do Senhor Jesus, que é a Palavra encarnada e, portanto, a maior e definitiva revelação de Deus — registrada com exatidão, no Novo Testamento, pelos apóstolos —, cessaram os sonhos e as visões como formas de ele revelar verdades e a sua vontade para o seu povo.

Não digo que Deus não possa hoje se manifestar de forma extraordinária a um crente. Mas, no caso, seria uma experiência pessoal, sem validade coletiva ou utilidade pública e sem autoridade para impor alguma prática ou doutrina aos demais. Hoje, esperamos que Deus se comunique conosco mediante o Espírito, falando não somente pelas Escrituras, como também por sua providência, a maneira sábia pela qual ele controla e governa os acontecimentos. Em Atos 2.16-17, é dito que, com a vinda do Espírito Santo, os sonhos e as visões haveriam de acontecer em meio ao povo de Deus. É verdade, e foi o que de fato aconteceu durante o período apostólico, enquanto as Escrituras do Novo Testamento estavam sendo produzidas e enquanto Deus ainda estava se revelando de maneira extraordinária. Mas, como já disse, uma vez que as Escrituras estão prontas e o cânon fechado, esses meios de revelação cessaram.

Voltemos ao dom de profecia. Afinal, ele existe hoje ou não?

Depende do que estamos falando. Os profetas do Antigo Testamento, como Isaías e Ezequiel, por exemplo, receberam de Deus revelações quanto ao futuro de Israel e também quanto ao que estava destinado a outras nações e à humanidade em geral. Essas revelações foram registradas em livros que fazem parte da Bíblia. Além de transmitir as predições divinas, os profetas exortavam o povo de Deus a que se arrependesse de seus pecados e voltasse à obediência à aliança. Na verdade, em termos proporcionais, os livros escritos por esses mensageiros trazem muito mais exortações e advertências que profecias.

Os sucessores dos profetas do Antigo Testamento foram os apóstolos do Novo Testamento. Paulo, Pedro, João e os demais também receberam revelações de Deus quanto ao futuro, a saber, a vinda de Cristo, a ressurreição dos mortos, o novo céu e a nova terra.

No período apostólico, as revelações dirigidas às igrejas locais não tinham o mesmo caráter daquelas transmitidas por Isaías, Jeremias, Oseias, Joel, Amós e outros profetas do Antigo Testamento. Entendo que a profecia listada entre os dons descritos no Novo Testamento se refere à capacidade dada por Deus a determinadas pessoas para trazerem uma palavra divina à Igreja, palavra essa baseada nas Escrituras, revelada em momentos de crise e necessidade. Na nova aliança, o profeta exortava, edificava e instruía os crentes reunidos. Não vejo nenhuma base para afirmar que, no Novo Testamento, o dom de profetizar significa poder para revelar o que está acontecendo na vida íntima alheia ou anunciar o que o futuro reserva às pessoas. Basta atentar para a quantidade de profecias desse tipo que são feitas hoje e que se mostram falsas e não se cumprem, ou são imprecisas a ponto de abranger qualquer coisa, para concluir de vez que o dom de profetizar não tem nada a ver com essas pretensas predições.

Mas e o caso do profeta Ágabo, em Atos dos Apóstolos, que por duas vezes revelou acontecimentos futuros?

Ágabo profetizou por duas vezes fatos que estavam relacionados com a vida e o ministério do apóstolo Paulo, durante o período em que as Escrituras estavam sendo registradas e no qual Paulo era protagonista. Para mim, está claro que foi uma situação excepcional numa ocasião bastante diferente da realidade da Igreja hoje.

O senhor não acha que essa sua posição acaba por extinguir e apagar o Espírito, além de impedir a ação de Deus no meio de seu povo? Não é este o pecado imperdoável, a blasfêmia contra o Espírito Santo?

Creio que o maior pecado contra o Espírito é desobedecer às orientações dele para que examinemos todas as coisas. O Espírito Santo inspirou os escritores bíblicos a fim de que instruíssem os crentes a rejeitar manifestações espirituais que não procedem de Deus, refutar a ação de falsos profetas e falsos irmãos, e repudiar a ação de espíritos enganadores capazes de realizar sinais e prodígios (Ap 16.14). O Espírito nos chama a discernir os espíritos, exercitar o bom senso e usar a razão. Pecamos contra o Espírito quando aceitamos manifestações supostamente espirituais de maneira crédula, sem exame ou análise, renunciando às orientações bíblicas e à nossa razão. É por causa da omissão dos crentes que os falsos profetas entram nas igrejas e disseminam heresias perniciosas.

Qual o seu comentário final acerca da cessação ou continuação dos dons espirituais?

Não considero a questão da contemporaneidade dos dons algo absolutamente essencial ao cristianismo. Isso não significa que julgo irrelevante investigar se todos os dons mencionados na Bíblia estão disponíveis hoje. O mais importante para os cristãos autênticos, quer cessacionistas quer continuístas, é servir a Deus de todo o coração e ser instrumentos de bênção para os outros. Mas é preciso, sim, ter em mente que, se não houver uma compreensão clara acerca da permanência dos dons, podemos não somente nos privar da verdade, como também promover a mentira. Em ambos os casos, ainda que o prejuízo não seja fatal, certamente afetará a nossa vida e a dos que nos cercam.

Fé e razão

A importância das cosmovisões

Uma das lições mais importantes que aprendi em meus estudos para o doutorado em interpretação bíblica, e que refletiu em minha compreensão da vida como um todo, foi que não se pode ler nenhum texto de maneira absolutamente neutra e objetiva. Nisso me ajudaram Derrida, Foucault, Gadamer, Ricoeur e outros precursores das chamadas novas hermenêuticas. Estou longe de concordar com todas as conclusões desses estudiosos, mas reconheço que acertaram no que diz respeito à subjetividade.

E essa verdade vale também para a leitura da realidade. Todos nós enxergamos a vida através dos óculos formados por nossas experiências, nossos preconceitos e pressupostos e, acima de tudo, nossas crenças.

Muitos autores contribuíram para a derrubada do mito da neutralidade defendido no Iluminismo e transformado em regra pela academia. Dentre eles cito o historiador da ciência Thomas S. Kuhn, cujo livro *A estrutura das revoluções científicas*,[1] publicado originariamente em 1962, representa um marco na área de conhecimento em que se insere. Em linhas gerais, Kuhn argumenta que, ao contrário do que postulou o positivismo científico, os cientistas não são meras máquinas de análise e registro de informações. São pessoas de carne e osso, com sentimentos, emoções e intuições. Não registram passivamente suas observações, mas projetam ativamente suas crenças — e suas experiências pessoais servem para formar paradigmas, estruturas dominantes que organizam os experimentos por eles realizados.

Em suma, o avanço das revoluções científicas não tem conexão com descobertas significativas — as quais são incorporadas aos modelos estabelecidos —, mas com mudanças de paradigmas. Com esse raciocínio, Kuhn destacou e firmou a importância dos paradigmas e dos pressupostos nas diversas áreas do conhecimento. Ele valorizou as crenças e convicções pessoais ativadas toda vez que alguém lê e interpreta a realidade ao redor.

É nesse contexto que nos referimos ao peso da cosmovisão (do termo alemão *weltanschauung*, criado por Immanuel Kant). Uma cosmovisão é uma maneira de ver o mundo, de acordo com aquilo em que se crê. Em *Questões últimas da vida*,[2] Ronald Nash, destacado filósofo cristão, aponta cinco crenças como principais parâmetros definidores de uma cosmovisão:

- *Deus*. Ele existe? Qual sua natureza? Há mais de um Deus?
- *Metafísica*. Qual a relação de Deus com o Universo? O Universo existe? Qual sua origem?
- *Epistemologia*. É possível saber, entender e conhecer? Existe verdade?
- *Ética*. Existem leis morais que regem a conduta humana? Elas são absolutas ou relativas?
- *Antropologia*. O ser humano é apenas corpo/materialidade, ou tem uma dimensão espiritual? Qual sua origem? Existe vida após a morte?

Aquilo em que um indivíduo acredita quanto a esses cinco pontos é o que tinge os óculos com que ele enxerga e decifra o mundo ao seu redor. Também é o que influencia, de forma decisiva, seu relacionamento consigo mesmo, com o próximo, com o mundo, em casa, no trabalho e na sociedade como um todo.

Provérbios já falava da importância do coração e da mente para a compreensão da vida em sua plenitude: "Sobre tudo o que se deve guardar, guarda o teu coração, porque dele procedem as fontes da vida" (Pv 4.23). É nesse sentido que defendemos uma cosmovisão que esteja fundamentada nos valores teóricos e morais do cristianismo e faça parte dos paradigmas e matizes que orientam uma educação cristã.

Uma visão de mundo cristã tomada como referencial na academia deve levar em conta a existência de um Deus pessoal e considerar sua ação na História, bem como a revelação que ele faz de si mesmo na natureza e nas Escrituras judaico-cristãs. Deve entender o ser humano como criatura à imagem desse Deus e tomar em consideração a presença e a realidade do mal neste mundo. Deve enxergar o mundo e suas leis como expressões do caráter desse Deus, que é bondoso, justo e sábio.

Visto que não existe neutralidade no meio acadêmico, nele sempre haverá paradigmas baseados em cosmovisões, e há muitas delas — marxismo, humanismo, ateísmo, agnosticismo, materialismo, para nomear algumas. Se não podemos escapar da influência que a visão de mundo exerce sobre o que fazemos na academia, que abracemos, então, em nossos labores educacionais, a visão cristã de mundo. Além de permitir o diálogo com aquilo que comunga com as demais interpretações da realidade, ela tem a vantagem de ter sido a primeira a oferecer condições para o surgimento da ciência moderna (cf. cap. 29, "Cristianismo e pesquisa científica").

Verdade e pluralidade

Todos os que chegam à universidade logo percebem a pluralidade de entendimentos, concepções e valores que marcam
o ambiente acadêmico.[1] Embora a diversidade esteja presente em sua vida muito antes de se tornar um universitário, é
na academia que o estudante sentirá mais de perto a força da
multiplicidade de opiniões. A pluralidade é um dos ícones da
nossa geração, uma das marcas do meio acadêmico moderno
e da própria sociedade ocidental. Todavia, ainda que a pluralidade seja considerada um dos postulados mais bem estabelecidos da nossa era, é saudável refletirmos sobre sua natureza,
seus efeitos e desafios.

Embora o ensino superior exista desde a Antiguidade, a
universidade moderna teve origem na Europa do século 17,
de acordo com a opinião mais comumente aceita, e deve seu
formato atual às universidades de Bolonha, Paris e Oxford,
fundadas entre os séculos 10 e 12.

Quando as universidades medievais surgiram, a cosmovisão cristã que dominava a Europa fornecia os pressupostos
para essa busca da unidade do conhecimento. Hoje, em muitas
universidades modernas, a visão cristã de mundo é excluída *a
priori* pelos pressupostos naturalistas, humanísticos e racina-
listas que passaram a dominar o ambiente acadêmico depois
do Iluminismo. Esses pressupostos não têm conseguido, até o
presente, suprir uma base comum para as diferentes áreas do

saber. A fragmentação do conhecimento tem sido uma preocupação constante na academia, como se as diferentes disciplinas tratassem de mundos distintos e contraditórios.

Lamentavelmente, hoje, muitas universidades se tornaram
multiversidades, ou diversidades, abandonando a busca de um
todo coerente, de uma cosmovisão que dê sentido e relacionamento harmônico a todos os campos de conhecimento. Esse
fenômeno se verifica primariamente na área das ciências humanas, mas nem mesmo a área das exatas lhe é totalmente
imune, como testemunham as diversas percepções, por vezes
conflitantes entre si, na matemática, na física e na química.

Segundo Allan Harman, a palavra "universidade" abriga a
noção de unidade de conhecimento ou de abordagem. Deriva-
da do latim *universum,* refere-se a totalidade ou integração.[2]
Então, em termos conceituais, no âmbito de uma universidade deve existir aderência a uma base comum de conhecimento
que possa interligar o ensino em todas as escolas.

Em muitas de suas obras, Edgar Morin, intelectual francês
contemporâneo, percebe corretamente essa fragmentação do
conhecimento e da educação. Nas palavras dele:

> O sistema educativo [...] fragmenta a realidade, simplifica o
> complexo, separa o que é inseparável, ignora a multiplicida-
> de e a diversidade. [...] A educação deveria romper com isso
> mostrando as correlações entre os saberes, a complexidade da
> vida e dos problemas que hoje existem. Caso contrário, será
> sempre ineficiente e insuficiente para os cidadãos do futuro.[3]

É evidente que existe uma grande pluralidade ou diversidade no mundo. A criação divina é plural, a humanidade feita à
imagem de Deus é plural, as culturas são plurais, as ideias são
plurais. Há uma enorme e fascinante diversidade na realidade que nos cerca. Para nós, essa impressionante variedade da

existência revela a riqueza, o poder e a criatividade de Deus, conforme registra o salmista:

> Que variedade, SENHOR, nas tuas obras! Todas com sabedoria as fizeste; cheia está a terra das tuas riquezas.
>
> Salmos 104.24

No ambiente acadêmico, tal entendimento em nada compromete nossa busca por verdades absolutas e universais. As dificuldades surgem quando se confunde pluralidade com relativismo radical e absoluto. Este último nega os conceitos de unidade, igualdade, harmonia e coerência que existem no mundo, entre ideias, pessoas e culturas. O relativismo total pretende desconstruir o subjacente princípio de verdade absoluta — valores, conceitos e ideias que sejam válidos em qualquer lugar e a qualquer tempo. Nesse sentido, a pluralidade se confunde com o relativismo que domina o pensamento contemporâneo, o qual a interpreta como convivência de ideias e concepções contraditórias que devem ser igualmente aceitas, sem o crivo do exame da veracidade e sem prevalência de uma sobre a outra, visto que todas são consideradas verdadeiras.

Do ponto de vista da fé cristã, a pluralidade, entendida como diversidade, é muito bem-vinda. A enorme variedade que caracteriza nosso mundo não anula, de forma nenhuma, a existência de verdades gerais e universais. Quando, todavia, a pluralidade é entendida como relativismo total ou sistema de contradições igualmente válidas, precisamos analisar o assunto com mais cuidado.

O relativismo absoluto gera diversos problemas de natureza prática, como a dificuldade de viver o dia a dia de forma coerente com a crença de que tudo é relativo. Mesmo os relativistas mais radicais são obrigados a capitular diante da inexorável realidade: a vida só pode ser organizada e levada à frente com base em princípios, valores e leis universais que sejam observados e reconhecidos por todos.

Dificilmente o ser humano consegue conviver em paz com o relativismo absoluto. Cada indivíduo carrega uma busca interior por coerência, síntese e unidade de pensamento, sem o que não pode encontrar sentido na realidade ou o próprio lugar no mundo, nem mesmo pode saber por onde caminhar. Acreditamos que essa procura é consequência da imagem de Deus no homem, um Deus de ordem, de propósitos, um Deus coerente e completo.

Para muitos, o ideal do pluralismo de percepções apresentadas no meio acadêmico nada mais representa além do fato de que a universidade deveria ser o local neutro onde todas as ideias, e suas contraditórias, tivessem igualdade de expressão, cabendo aos alunos uma escolha, ou não, daquelas que lhe parecerem mais corretas. Todavia, conforme bem escreveu Robert P. Wolff em *O ideal da universidade*,[4] a neutralidade da universidade diante dos valores é um mito. É inevitável o posicionamento ideológico diante das questões da vida e do conhecimento. Isso é reconhecido, ainda que timidamente, até mesmo pela Lei de Diretrizes e Bases da Educação Nacional, ao definir as universidades confessionais como aquelas que "atendem a orientação confessional e ideologia específicas" (art. 20, III).[5]

Os cristãos preocupados com a educação há muito têm procurado desenvolver um modelo acadêmico em que a busca da verdade seja feita com base na visão de mundo cristã, em constante diálogo com a pluralidade de ideias e com a diversidade de visões e entendimentos. E essa não é uma tarefa fácil diante do mundo pluralista em que vivemos; prova disso é que alguns têm defendido que as universidades confessionais desistam desse ideal.

Reconhecemos a diversidade e a complexidade das ideias, dos conceitos, dos costumes e dos valores existentes.

Questionamos, todavia, que a pluralidade implica a total relativização da verdade. Afirmamos a existência de ideias e valores absolutos, princípios e verdades espirituais, éticas, morais, epistemológicas universais. Concordamos com Edgar Morin quanto à sua percepção da complexidade da vida e da existência. Contudo, entendemos que o ato de reconhecer que todas as áreas de atividade e conhecimento são complexamente interligadas reflete um propósito unificado e uma origem única, apontando para o Criador.

Cremos que o cristianismo bíblico fornece o fundamento para a compreensão da realidade como um todo coerente, sempre levando em conta a fabulosa variedade da existência humana.

Todos deveríamos refletir sobre o fato de que a pluralidade, entendida como saudável diversidade, dentro de referenciais estabelecidos e sem a negação da verdade, enriquece o conhecimento humano e leva à melhor percepção de nós mesmos, do mundo e do Criador.

Cristianismo e pesquisa científica

A pesquisa é um dos eixos que compõem a universidade moderna. O que pouca gente sabe é que a pesquisa moderna, como a conhecemos hoje, nasceu em berço cristão. A busca do conhecimento mais profundo acerca das leis que regem o mundo foi, no início, parcialmente obstruída pelos conceitos panteístas das antigas civilizações e culturas. Por panteísmo, referimo-nos à visão de mundo em que a natureza é vista como uma extensão de Deus, o qual é considerado sua alma ou princípio vital. Panteístas acreditam que tudo é Deus e Deus é tudo. Foi essa compreensão que orientou, embora com diferentes matizes, as grandes civilizações antigas; e nós a consideramos pagã. (O panteísmo é um dos conceitos básicos do antigo — e também do moderno — paganismo.)

Nancy Pearcey e Charles Thaxton, em sua obra *A alma da ciência*,[1] afirmam que nós, cristãos, damos crédito a essas civilizações antigas por suas grandes contribuições para o avanço do conhecimento científico. Descobertas surpreendentes ainda hoje nos impressionam quanto à capacidade dos antigos para a engenharia, a astronomia e a tecnologia em geral. Todavia, a visão panteísta dessas civilizações, entre elas as representadas por China, Índia, Egito e Mesopotâmia, impediu que qualquer uma fomentasse uma revolução científica. A razão é simples: crendo que Deus era o mundo e o mundo era Deus, as pessoas temiam que indagações sobre o Universo provocassem a ira das divindades. Pesquisar os fenômenos naturais equivalia a penetrar nos segredos ou na intimidade dos deuses. Conforme Henri Frankfort, em sua obra *Before Philosophy* [Antes que houvesse filosofia],[2] a relação do homem com a natureza era de adoração e veneração, e não de análise e entendimento. Era preciso uma visão de mundo que libertasse o homem desse temor.

A cosmovisão cristã liberou o homem do temor da natureza. Seu fundamento é o primeiro versículo da Bíblia: "No princípio, criou Deus os céus e a terra" (Gn 1.1). A perspectiva cristã não atribui caráter divino ao Sol, à Lua, às estrelas, às montanhas, aos rios, ao mar ou aos animais, nem lhes confere poderes místicos. A natureza foi dessacralizada à medida que o cristianismo avançou na Europa; e, segundo o que diz Max Weber em *A ética protestante e o espírito do capitalismo*,[3] foi despida de seu poder. Weber fez estudos comparativos sobre a religião e a economia de culturas como a chinesa, a indiana e o antigo judaísmo e concluiu que a definição protestante de Deus, como um ser transcendente que não mora na floresta, no deserto, nas montanhas ou no mar, também contribuiu para o que chamou de "conduta racional prática", necessária para o desenvolvimento capitalista sustentado. Para Weber, uma vez que Deus é um ser transcendente, e só tem interesse em seres humanos, então não há nada sobre a natureza do mundo ou sobre seus habitantes que iniba a utilização da sociedade e a transformação da natureza. É claro que Weber não está sendo justo com o que os protestantes pensam sobre Deus — pois, para nós, Deus também é imanente. Todavia, a conclusão do raciocínio weberiano está correta.

Assim, a fé cristã permite ao homem pesquisar a natureza sem receio religioso e, então, ampliar seu conhecimento de mundo. Mediante sua cosmovisão teísta criacionista, o cristianismo, após expandir-se e influenciar o mundo ocidental, abriu as portas para a pesquisa moderna. É evidente que hoje a academia rejeita a visão teísta de mundo; contudo, não pode negar que dela se originou.

Outra contribuição da visão de mundo cristã para a ciência é a afirmação de que o mundo existe de fato, ou seja, o Universo não é uma mera projeção de nossa mente ou uma extensão de nosso espírito criador. Essa pode parecer uma afirmação redundante, mas, quando pensamos que para muitos não existe uma realidade concreta, palpável, tangível, ela adquire relevância. Quem não acredita que o mundo existe pouco interesse tem em pesquisá-lo. Consequentemente, a pesquisa se faz possível, pois temos um objeto de investigação concreto e passível de análise.

O cristianismo oriundo da Reforma Protestante também contribuiu de forma decisiva para o surgimento da pesquisa moderna ao defender que a busca por entender o mundo faz parte do mandato cultural que Deus deu ao homem no ato da criação: "Sede fecundos, multiplicai-vos, enchei a terra e sujeitai-a; dominai sobre os peixes do mar, sobre as aves dos céus e sobre todo animal que rasteja pela terra" (Gn 1.28).

Diante disso, ao realizar seu trabalho, o pesquisador cristão deveria nortear-se pelas seguintes diretrizes: 1) Mediante a tecnologia, usar responsavelmente os princípios, as leis e os recursos do cosmos, para o bem da humanidade e do meio ambiente; 2) Ser motivado a conhecer melhor o Universo onde Deus o colocou e, assim, conhecer o próprio Criador, conhecer melhor a si e ao próximo; 3) Realizar seu trabalho com profunda humildade diante do mistério e da grandiosidade da criação; essa é a atitude descrita pelo salmista:

> Ó SENHOR, Senhor nosso, quão magnífico em toda a terra é o teu nome! Pois expuseste nos céus a tua majestade. [...] Quando contemplo os teus céus, obra dos teus dedos, e a lua

e as estrelas que estabeleceste, que é o homem, que dele te lembres? E o Filho do Homem, que o visites? Fizeste-o, no entanto, por um pouco, menor do que Deus e de glória e de honra o coroaste. Deste-lhe domínio sobre as obras da tua mão e sob seus pés tudo lhe puseste: ovelhas e bois, todos, e também os animais do campo; as aves do céu, e os peixes do mar, e tudo o que percorre as sendas dos mares.

Salmos 8.1,3-8

A natureza é como um livro que nos ensina sobre Deus; mas, existe outro livro onde Deus se revela, de forma completa e infalível: a Bíblia. E não há contradição entre essas duas revelações. O pesquisador cristão procura conhecer ambos, para formar uma visão mais ampla e abrangente do mundo e de seu autor.

Uma visão cristã crítica da tecnologia

A tecnologia se estabeleceu como um marco da sociedade ocidental e se tornou a engrenagem que move o mundo. Basta suprimir os recursos tecnológicos e toda a nossa cultura desmorona. Em sentido mais amplo, a palavra "tecnologia" significa o estudo ou a aplicação da técnica ou da arte. É a tecnologia que transforma conhecimento técnico e científico em métodos, processos e materiais que facilitam a nossa vida e nos ajudam na resolução de problemas. Está claro, portanto, por que somos tão dependentes dela.

A tecnologia, como a conhecemos, é fruto da ciência moderna, que por sua vez procedeu da visão cristã de mundo, como vimos em capítulo anterior. A cosmovisão cristã nos fala da criação do mundo e do homem à imagem de Deus e defende que o alvo maior da ciência e, consequentemente, da tecnologia é ser instrumento para o bem da humanidade e para a glória divina.

Na compreensão cristã, a tecnologia é um instrumento pelo qual o ser humano cumpre sua missão, dada por Deus, de conquistar o mundo, dominá-lo e usá-lo para seu proveito e o do próximo. É um recurso que tem trazido muitas bênçãos para a raça humana. Menciono aqui algumas delas, enumeradas por Egbert Schuurman em sua obra *Religião e tecnologia*:[1]

- A expectativa de vida aumentou.
- A canalização de esgotos e os sistemas de tratamento de água melhoram o ambiente.

- A mecanização, a automação e a robotização aliviam os seres humanos do árduo trabalho manual e repetitivo.
- Os tratamentos médicos propiciam a cura de doenças.
- A fome de muitos tem sido abrandada.
- Os modernos meios de comunicação nos proporcionam amplas informações, além da possibilidade da educação a distância de milhares de pessoas ao mesmo tempo.

Todavia, por causa da propensão inata do ser humano ao mal, existem perigos e desafios por trás do uso da tecnologia. Aquilo que deveria ser um instrumento para o bem de todos acaba sendo usado de maneira errada.

Antes de avançar neste assunto, convém trazer à mente o relato acerca da construção da torre de Babel:

> Ora, em toda a terra havia apenas uma linguagem e uma só maneira de falar. Sucedeu que, partindo eles do Oriente, deram com uma planície na terra de Sinear; e habitaram ali. E disseram uns aos outros: Vinde, façamos tijolos e queimemo-los bem. Os tijolos serviram-lhes de pedra, e o betume, de argamassa. Disseram: Vinde, edifiquemos para nós uma cidade e uma torre cujo tope chegue até aos céus e tornemos célebre o nosso nome, para que não sejamos espalhados por toda a terra. Então, desceu o SENHOR para ver a cidade e a torre, que os filhos dos homens edificavam; e o SENHOR disse: Eis que o povo é um, e todos têm a mesma linguagem. Isto é apenas o começo; agora não haverá restrição para tudo que intentam fazer. Vinde, desçamos e confundamos ali a sua linguagem, para que um não entenda a linguagem de outro. Destarte, o SENHOR os dispersou dali pela superfície da terra; e cessaram de edificar a cidade.
>
> Gênesis 11.1-8

Embora para muitos esse relato constitua uma lenda, os cristãos que se pautam pelo teor da Reforma Protestante e permanecem fiéis aos princípios que a nortearam o considera um registro histórico. E dele é possível apreender algumas informações.

Já no início da História, o ser humano aprendeu a usar a tecnologia para realizar suas intenções e construir seu mundo. A passagem bíblica aqui destacada revela, por exemplo, que ele aprendeu a construir cidades, edifícios, torres. As descobertas arqueológicas mostram que a tecnologia é quase tão antiga como a raça humana.

Também desde cedo o ser humano usa a tecnologia como instrumento para propósitos egoístas. O alvo dos construtores da torre de Babel era o mero reconhecimento na posteridade. No entanto, Deus havia mandado que eles se espalhassem por toda a terra, que a colonizassem e civilizassem. Num claro desafio à orientação divina, usaram seus conhecimentos técnicos para erigir um monumento à autonomia humana.

Historicamente, a avaliação de Deus quanto ao que estava acontecendo se mostrou correta: "Isto é apenas o começo; agora não haverá restrição para tudo que intentam fazer". Cada vez mais o homem supera limites e estende as fronteiras do conhecimento e da tecnologia, e nem sempre o faz visando ao bem do próximo ou à garantia de um futuro melhor para a humanidade.

Fica evidente, portanto, que a tecnologia não é neutra. Aliás, nem poderia ser, pois sua mãe, a ciência, também não é. Por "neutra" queremos dizer isenta de preconceitos ideológicos. É verdade que nem uma nem outra estão livres da influência de ideologias, uma vez que cientistas e técnicos são seres humanos movidos por pressupostos que antecedem suas pesquisas.

Aqui é importante mencionar o trabalho do famoso filósofo francês Jacques Ellul, que dedicou boa parte de seus esforços para mostrar que a tecnologia moderna representa uma ameaça à liberdade humana e constitui, em si mesma, uma

religião. Em sua obra clássica *The Technological Bluff* [A arma-
dilha tecnológica],[2] Ellul declara que a técnica é neutra, mas a
tecnologia é permeada por pressupostos ideológicos.

A tecnologia tem a ver com o controle do mundo, concebido
como um enorme mecanismo onde tudo pode ser ponderado e
mensurado. Ela representa a possibilidade de dar forma à realidade segundo nossos anseios. Não há limites religiosos ou
éticos para a busca desse controle. O único limite é a possibilidade de concretização daquilo que pretendemos.

A tecnologia também se propõe a promover prosperidade
e bem-estar ao ser humano, garantindo o seu futuro — e isso
às custas da natureza e do próprio homem. Egbert Schuurman
lamenta o fato de o homem ser ameaçado pela tecnologia, a
natureza ser explorada por ela e a sociedade humana desinte-
grar-se em seu favor. Segundo ele, essa degradação se mostra
de inúmeras formas, como ameaça nuclear; esgotamento de
recursos naturais; extinção de muitas espécies vegetais e animais; desmatamento, assoreamento e desertificação; esgotamento da camada de ozônio; prejuízo da vida e do clima, em
razão da emissão de gases de escape; poluição; e ameaça de
abuso de técnicas de manipulação genética.

Existe também o risco de que a tecnologia se torne o sistema de crenças do homem moderno. David Noble fala da tecnologia como uma religião em que o *homo tecnicus* se comporta
como Deus, criando e resolvendo os problemas e asseguran-
do o futuro.[3] Isso porque os recursos tecnológicos são vistos
como solução para todas as dificuldades humanas. A tendência é refutar a ideia de um Deus que intervém em nosso favor. Quem precisa dele se a tecnologia resolve os problemas e
assegura o futuro?

Nossa geração tem crescido sob o domínio da tecnologia
em todas as áreas da vida. A influência tecnológica chega a
nós por meio da mídia — de todos os tipos —, do estilo de

vida que adotamos, da sociedade em que nos inserimos e da cultura a que nos ligamos. É um tipo de estrutura dentro da qual muitas pessoas pensam e agem. E tem ainda um significado normativo: dela derivam as razões, os valores e as regras de nossa cultura e sociedade. Assim, também forma uma estrutura ética. E, também aqui, o diagnóstico não é dos mais favoráveis. Eis as marcas que a tecnologia vem deixando no atual processo de globalização: materialismo, egoísmo, desejo de controle e poder, falta de sensibilidade para com as pessoas e a natureza.

Como resultado da absolutização do pensamento tecnológico, grande parte da realidade foi perdida. O que não se enquadra no modelo tecnológico é desconsiderado ou esquecido. A geração atual cresce, então, sob o relativismo absoluto e elege a tecnologia como referencial. O materialismo e o pragmatismo dos nossos dias acabam entrando na mistura, deixando-nos uma cultura dominada pela visão técnico-utilitarista de mundo.

Entendo que a tarefa dos desenvolvedores de tecnologia e dos educadores, especialmente aqueles ligados a uma visão cristã de mundo, é não deixar nossa geração à mercê dessas influências tecnológicas, sociais e éticas. Inerente à humanidade, a tendência para o mal certamente fará a balança pender para o lado errado.

A visão cristã de mundo serve de fundamento para uma educação sólida, relevante, atenta às questões atuais e à tomada de decisões equilibradas e sensatas. O cristianismo vê o ser humano como tendo sido criado por Deus, à sua imagem, e colocado no mundo de Deus a fim de viver para sua glória e fazer o bem ao próximo. Vê também que os caminhos escolhidos pela humanidade sempre a afastam de Deus e nos afastam uns dos outros, por causa de nossa sede de poder. Vê ainda que os recursos que Deus nos deu são poderosos para fazer o bem, se cuidarmos de usá-los corretamente.

Uma visão cristã da tecnologia assume responsabilidade ecológica, que leve à busca de recursos que não destruam o meio ambiente. Mais ainda, prioriza a busca de soluções para os problemas fundamentais do homem: fome, doença, trabalho árduo, sofrimento, ignorância e falta de educação, entre outros, sem se deixar dominar pelas demandas do mercado ou pelo domínio econômico. O foco são as pessoas, e não o lucro.

Na compreensão cristã, a tecnologia deveria servir à humanidade em vez de dominá-la. Não deveria ser tratada como uma religião, mas como uma ferramenta, um instrumento. Dessa forma, deveria contribuir para que as pessoas conhecessem melhor a si mesmas e, assim, a Deus.

O desafio do ambiente acadêmico para os jovens cristãos

Considerando as estatísticas sobre o perfil religioso do brasileiro, deduzimos que cresce cada vez mais o número de jovens cristãos que entram nas universidades a cada novo vestibular. A juventude também empresta sua imagem à Igreja evangélica brasileira, conhecida no exterior como uma igreja jovem, com grande quantidade de rapazes e moças que professam a fé em Cristo.

Todavia, os anos de experiência na academia, em contato com os jovens e os problemas que enfrentam, me ensinaram que muitos deles são abalados em sua fé durante o tempo que passam na universidade. Não tenho conhecimento de índices que comprovem essa minha constatação, pelo menos não no que se refere às universidades brasileiras, mas tenho os números de uma pesquisa, feita nos Estados Unidos, em 2011, pelo renomado Instituto Barna, entre jovens que nasceram em lares cristãos e que deixaram de frequentar as suas igrejas.[1] Guardadas algumas proporções, acredito que os resultados dessa investigação também refletem, de maneira geral, a realidade brasileira.

De acordo com a pesquisa, um em cada nove alunos perde a fé quando entra na universidade e se torna ateu ou agnóstico. Quatro em cada dez deixam de frequentar a igreja, embora ainda se considerem cristãos. Dois em dez assumem uma frequência irregular ao templo, incertos de como relacionar sua fé com a sociedade e o mundo. E três em cada dez jovens criados na igreja permanecem firmes em sua fé durante o tempo que passam na universidade.

A pesquisa do Instituto Barna identificou alguns fatores que contribuem para que somente 30% dos jovens permaneçam firmes em suas convicções. Apenas uma minoria de jovens cristãos foi ensinada a pensar sobre questões de fé, chamado e cultura. Menos de um em cada cinco tem alguma ideia de como os seus interesses escolares e profissionais deveriam ser norteados pela Bíblia. E a maioria não dispõe de mentores adultos nem de amizades significativas com cristãos mais velhos que possam orientá-los através das inevitáveis perguntas que surgem durante os estudos.

Em outras palavras, de acordo com o Instituto Barna, o ambiente universitário não costuma ser a causa da desconexão; ele apenas expõe a superficialidade da fé confessada por muitos desses jovens discípulos. Muitos deles desconectam-se emocionalmente do cristianismo antes mesmo dos 16 anos de idade. Quando entram na universidade, a pressão dos colegas, a influência de professores ateus ou agnósticos e o ambiente geral da academia, induzido pelo naturalismo filosófico, terminam por sepultar o que antes já era uma fé moribunda.

Jovens cristãos recém-admitidos nas universidades deveriam estar preparados para enfrentar o desafio que a incredulidade generalizada representa às suas convicções. E esse desafio é ainda maior quando a incredulidade vem travestida de ciência.

O cristão que ingressa no ambiente acadêmico deveria estar atento ao escopo da ciência: ela se pronuncia sobre a realidade visível e mensurável, mas não pode definir os limites dessa realidade. O materialismo, que hoje é o principal pressuposto de muitos que fazem a ciência, sempre produzirá modelos reducionistas da realidade. Esse cristão deveria lembrar também que o problema não é a ciência, mas a filosofia materialista e naturalista que domina a academia hoje, filosofia essa oriunda do Iluminismo e do racionalismo.

Há que se considerar que diversos ramos da moderna ciência tiveram como fundadores ou divulgadores cientistas cristãos, entre os quais figuram Louis Pasteur, Isaac Newton, Johannes Kepler e Robert Boyle, para mencionar uns poucos. Outro ponto a ser lembrado é que a academia moderna sempre abrigou, ainda que em pequeno número, cientistas cristãos de renome que não viam conflito entre sua fé e sua labuta investigativa. Entre eles constam ganhadores de prêmios Nobel, como alguns citados por Karl Kienitz em seu blogue *Fé e Ciência:*

- Max Planck (1858-1947), ganhador do Prêmio Nobel de Física de 1919: "Desde a infância, a fé firme e inabalável no Todo-poderoso e Todo-bondoso tem profundas raízes em mim. Decerto seus caminhos não são nossos caminhos; mas a confiança nele nos ajuda a vencer as provações mais difíceis".
- Albert Einstein (1879-1955), ganhador do Prêmio Nobel de Física de 1921: "A todo cientista minucioso deve ser natural algum tipo de sentimento religioso, pois não consegue supor que as dependências extremamente sutis por ele vislumbradas tenham sido pensadas pela primeira vez por ele. No Universo incompreensível revela-se uma razão ilimitada".
- Werner Heisenberg (1901-1976), ganhador do Prêmio Nobel de Física de 1932: "O primeiro gole do copo das ciências naturais torna ateu; mas, no fundo do copo, Deus aguarda".
- Nevill Mott (1905-1996), ganhador do Prêmio Nobel de Física de 1977: "Os milagres da história humana são aqueles em que Deus falou aos homens. O supremo milagre

para os cristãos é a ressurreição. Alguma coisa aconteceu àqueles poucos homens que conheciam Jesus que os levou a acreditar que Jesus estava vivo com tal intensidade e convicção que esta fé permanece a base da Igreja cristã dois mil anos depois".

- Arthur L. Schawlow (1921-1999), ganhador do Prêmio Nobel de Física de 1981: "Eu encontro uma necessidade por Deus no Universo e em minha vida. [...] Somos afortunados em termos a Bíblia e, especialmente, o Novo Testamento, que nos fala de Deus em termos humanos muito acessíveis, embora também nos deixe algumas coisas difíceis de entender".

- William Daniel Phillips (1948-), ganhador do Prêmio Nobel de Física de 1997: "Muitos cientistas são também pessoas com uma fé religiosa bastante convencional. Eu, um físico, sou um exemplo. Creio em Deus como Criador e como amigo. Isto é, creio que Deus é pessoal e interage conosco".[2]

Para os cristãos, Deus é a melhor explicação para determinados aspectos da existência humana e da realidade, tais como: a origem do mundo, da vida e da inteligência; o propósito e a intenção (*design*) percebidos na natureza; a complexidade da realidade; a existência de ordem e coerência no Universo; a concretude da moralidade, da ética e dos valores humanos. Deus é a melhor resposta para nosso anseio por sentido. É assim que pensa Arthur Holly Compton (1892-1962), ganhador do Prêmio Nobel de Física de 1927: "Para mim, a fé começa com a constatação de que uma inteligência suprema chamou o Universo à existência e criou o homem. Não me é difícil crer isso, pois é inegável que onde há um plano, há também inteligência — um Universo ordenado e em desdobramento atesta a verdade da declaração mais poderosa que jamais foi proferida:

'No princípio, Deus criou'". Na mesma linha vai Antony He-wish (1924-), outro Nobel de Física, esse premiado em 1974: "Eu creio em Deus. Não faz o menor sentido para mim supor que o Universo e nossa existência são apenas um acidente cósmico, que a vida emergiu por processos aleatórios em um ambiente que apenas por acaso tinha as propriedades certas".[3]

Essas declarações ilustram a afirmação feita por Paulo na carta que encaminhou aos cristãos em Roma:

> Porque os atributos invisíveis de Deus, assim o seu eterno poder, como também a sua própria divindade, claramente se reconhecem, desde o princípio do mundo, sendo percebidos por meio das coisas que foram criadas.
>
> Romanos 1.20

Atualmente, há muitos cientistas de renome que professam acreditar no Deus da Bíblia, como é o caso de Francis Collins, que durante quinze anos foi diretor do Projeto Genoma, iniciativa que, em 2001, mapeou o DNA humano. Alvo de críticas de seus colegas, cuja maioria negava a existência de Deus, Collins lançou como resposta o livro *A linguagem de Deus: um cientista apresenta evidências de que Ele existe*.[4] Nas quase trezentas páginas da obra, o biólogo conta como deixou de ser ateu, aos 27 anos, para se tornar cristão protestante, e narra as dificuldades que enfrentou no meio acadêmico ao revelar sua fé. Apesar de ser um evolucionista teísta, Collins deu um testemunho digno de nota a favor da existência de Deus.

Por fim, cabe ressaltar que muitos dos que tentam desconstruir a fé em Deus em nome do cientificismo e do conhecimento não têm nada melhor para pôr no lugar.

Contudo, termino este capítulo numa nota positiva: nestes anos de contato com a academia, vi também casos de jovens que encontraram Deus na universidade. Na maioria das vezes, a conversão se deu pela influência de colegas cristãos ou do interesse despertado pela leitura da Bíblia. O ideal deveria ser tornar a academia um ambiente onde fé e ciência possam coexistir e evitar que se torne um cemitério para as convicções cristãs.

Há coisas em que até um ateu acredita

Um número razoável de cientistas e filósofos ateus ou agnósticos vem engrossando as fileiras dos que apresentam sérias dúvidas quanto à capacidade da teoria da evolução para explicar a origem da vida, e sua complexidade, por meio da seleção natural e da natureza randômica ou aleatória das mutações genéticas necessárias para tal.

Podemos citar Antony Flew, o mais notável intelectual ateísta de seu tempo. No início do século 21, Flew anunciou sua desconversão do ateísmo darwinista e a adesão ao teísmo, motivadas, segundo ele, por evidências de que há propósito inteligente na natureza. Mais recentemente, o biólogo molecular James Shapiro, da Universidade de Chicago, publicou o livro *Evolution: A View from 21st Century* [Evolução: uma perspectiva do século 21],[1] onde desconstrói impiedosamente a evolução darwinista. Em tempo: Shapiro se classifica como ateu. Há também Thomas Nagel, professor de filosofia e direito da Universidade de Nova York, membro da Academia Americana de Artes e Ciências, ganhador de prêmios com seus livros sobre filosofia, e ateu declarado. Ele publicou o livro *Mind and Cosmos* [Mente e cosmos],[2] cujo provocante subtítulo pode ser assim traduzido: "Por que a concepção neodarwinista materialista da natureza é quase certamente falsa". No livro, o professor aponta as fragilidades do materialismo naturalista que serve de fundamento para as pretensões neodarwinistas de construir uma teoria do todo.[3]

Cito esses intelectuais e cientistas ateus porque, quando intelectuais e cientistas cristãos declaram sua desconfiança quanto à evolução darwinista, são descartados por serem "religiosos".

Quero aqui destacar algumas declarações feitas por Nagel que revelam a clara consciência do autor sobre o fato de que uma concepção puramente materialista da vida e de seu desenvolvimento, como a evolução darwinista, é incapaz de explicar a realidade como um todo. Embora rejeite a possibilidade de a realidade existir em razão do poder criador de Deus, Nagel é capaz de enxergar que a vida é mais do que reações químicas baseadas nas leis físicas e descritas pela matemática. A solução que ele oferece — a saber, a hipótese de que a mente sempre existiu ao lado da matéria — carece de comprovação, como ele mesmo admite, mas certamente está mais perto da concepção teísta que do ateísmo materialista do darwinismo.

Nagel deixa claro que sua crítica procede de sua análise científica e que, ainda assim, não será bem-vinda nos círculos acadêmicos:

> Meu ceticismo [quanto ao evolucionismo darwinista] não é baseado numa crença religiosa ou numa fé alternativa estabelecida. É somente uma crença de que a evidência científica disponível, a despeito do consenso de opinião entre cientistas, não exige racionalmente de nós que subjuguemos esse ceticismo [a este consenso] quanto ao assunto. [...] Eu tenho consciência de que dúvidas dessa natureza vão parecer um ultraje a muita gente, mas isso é porque quase todo mundo em nossa cultura secular tem sido intimidado a considerar o programa de pesquisa reducionista [do darwinismo] como sacrossanto, sob o argumento de que qualquer outra coisa não pode ser considerada ciência.[4]

O filósofo profetiza o fim do naturalismo materialista que fundamenta o evolucionismo darwinista:

Ainda que o domínio do naturalismo materialista [no campo da ciência] esteja se aproximando do fim, precisamos ter alguma noção do que poderá substituí-lo.[5]

Para o autor, quanto mais descobrimos acerca da complexidade da vida, menos plausível se torna a explicação naturalista materialista do darwinismo para sua origem e desenvolvimento:

Durante muito tempo, achei difícil acreditar na explicação materialista de como nós e os demais organismos viemos a existir, incluída a versão padrão sobre como funciona o processo evolutivo. Quanto mais detalhes aprendemos acerca da base química da vida e sobre a complexidade do código genético, mais inacreditável se torna a explicação histórica [darwinista] padrão. [...] De cara, é altamente implausível que a vida como a conhecemos seja o resultado da sequência de acidentes físicos associada ao mecanismo da seleção natural.[6]

Segundo Nagel, não teria havido o tempo necessário para que a vida surgisse e se desenvolvesse sob seleção natural e mutações aleatórias:

Com relação à evolução, o processo de seleção natural não pode explicar a realidade sem um suprimento adequado de mutações viáveis, e eu acredito que ainda é uma questão aberta o fato de isso ter acontecido no tempo geológico como mero resultado de acidentes químicos, sem a operação de outros fatores que porventura tenham determinado e restringido as formas de variação genética.[7]

Para surpresa geral, Nagel surpreendentemente advoga os proponentes mais conhecidos do *design* inteligente:

Embora escritores como Michael Behe e Stephen Meyer sejam, em parte, motivados por suas convicções religiosas, os argumentos empíricos que eles oferecem contra a possibilidade de a vida e sua história evolutiva serem totalmente explicadas apenas com base na física e na química são de grande interesse em si mesmos. [...] Os problemas que esses iconoclastas levantam contra o consenso científico ortodoxo deveriam ser levados a sério. Eles não merecem a zombaria que têm recebido. É algo claramente injusto.[8]

Num parágrafo quase confessional, o autor reconhece faltar-lhe o sentimento do divino que ele percebe em muitos outros:

Confesso que tenho um pressuposto sem fundamento, a saber, que não considero real a alternativa do *design* inteligente. Falta em mim aquele *sensus divinitatis* [senso do divino] que capacita — na verdade, impele — tantas pessoas a ver no mundo a expressão do propósito divino da mesma maneira que percebem num rosto sorridente a expressão do sentimento humano.[9]

Para Nagel, o evolucionismo darwinista, com sua visão materialista e naturalista da realidade, não consegue explicar o que transcende o mundo material, como a mente e tudo que a acompanha:

Nós e outras criaturas com vida mental somos organismos, e, ao que parece, nossa capacidade mental depende de nossa constituição física. Portanto, aquilo que vier a explicar a existência de organismos como nós deve explicar também a existência da mente. Mas, se o mental não é em si mesmo apenas físico, não pode ser plenamente explicado pela ciência física. E então [...] é difícil evitar a conclusão de que aqueles aspectos de nossa constituição física que trazem o mental consigo também não podem ser explicados pela ciência física. Se a biologia evolutiva é uma teoria física — como geralmente é considerada —, então não pode explicar o aparecimento da consciência e de outros fenômenos que não podem ser meramente reduzidos ao aspecto físico. [...] Uma alternativa genuína ao programa reducionista [do darwinismo] vai requerer uma explicação de como a mente e tudo o que a acompanha é inerente ao Universo. [...] Os elementos fundamentais e as leis da física e da química têm sido assumidos para justificar o comportamento do mundo inanimado. Algo mais é necessário para explicar como podem existir criaturas conscientes e pensantes, cujos corpos e cérebros são feitos desses elementos.[10]

Para concluir, menciono a perspicaz indagação nageliana: Se a mente existe porque sobreviveu em razão da seleção natural, isto é, por ter se tornado na coisa mais esperta para sobreviver, como poderemos confiar nela? Então, Nagel cita (e concorda com) Alvin Plantinga, reconhecido filósofo reformado:

O evolucionismo naturalista provê uma explicação de nossas capacidades [mentais] que lhes mina a confiabilidade, e, ao fazer isso, mina a si mesmo. [...] Eu concordo com Alvin Plantinga em que, ao contrário da benevolência divina, a aplicação da teoria da evolução à compreensão de nossas capacidades cognitivas acaba por minar nossa confiança nelas, embora não a destrua por completo. Mecanismos formadores de crenças e que têm uma vantagem seletiva no conflito diário pela sobrevivência não merecem a nossa confiança na construção de explicações teóricas do mundo como um todo. [...] A teoria da evolução deixa a autoridade da razão numa posição muito mais fraca. Especialmente no que se refere à nossa capacidade moral e outras capacidades normativas — nas quais confiamos com frequência para corrigir nossos instintos. Eu concordo com Sharon Street [professora de filosofia na Universidade de Nova York] em que uma autocompreensão evolucionista quase certamente haveria de requerer que desistíssemos do realismo moral, que é a convicção natural de que nossos juízos morais são verdadeiros ou falsos independentemente de nossas crenças.[11]

Ao ler os escritos de Nagel, de imediato me lembro do que a Bíblia diz:

> Tudo fez Deus formoso no seu devido tempo; também pôs a eternidade no coração do homem, sem que este possa descobrir as obras que Deus fez desde o princípio até ao fim.
>
> Eclesiastes 3.11

> O Deus que fez o mundo [...] fez toda a raça humana para habitar sobre toda a face da terra, havendo fixado os tempos previamente estabelecidos e os limites da sua habitação; para buscarem a Deus se, porventura, tateando, o possam achar, bem que não está longe de cada um de nós.
>
> Atos 17.24,26-27

Thomas Nagel tem o reflexo da imagem de Deus inerente a cada ser humano, a despeito de nossa natureza decaída. Infelizmente, o ateísmo desse autor ainda o impede de ver aquilo que sua razão e consciência, tateando, já tocaram.

Conclusão

Concluo este livro confessando-me bastante preocupado com os rumos da Igreja evangélica brasileira. De um lado, sinto-me confiante nas declarações claras do Novo Testamento acerca do triunfo final de Deus sobre o mal. Os planos do Senhor haverão de se realizar exatamente como ele os concebeu na eternidade. Jesus voltará em glória, e os que são seus haverão de partilhar do seu triunfo. A justiça será estabelecida, todo pecado será castigado e todas as coisas encontrarão seu lugar debaixo dos pés do Cordeiro vencedor. A Igreja vencerá, juntamente com seu cabeça, seu Redentor.

Por outro lado, enquanto aguardo a chegada do *eschaton*, o fim dos tempos, observo a crescente contaminação do evangelicalismo brasileiro por doutrinas, práticas e movimentos que ameaçam nada menos que o âmago da fé cristã. Alguns desses elementos nocivos foram mencionados neste livro. A influência do relativismo e da pluralidade típicos de nossa sociedade, os quais negam a existência de verdade absoluta, castrou a virilidade evangélica de lutar contra o erro, denunciar o pecado e tomar posições claras numa época em que faltam valores morais entre os próprios líderes evangélicos. "Não julgue!", "Não toque no ungido do Senhor!" são apenas algumas das frases preferidas dos adeptos desses movimentos e revelam a crescente indisposição contra definições inequívocas acerca do que é certo e do que é errado. Se por um lado a progressiva hostilidade que alguns setores do evangelicalismo dirigem contra o cristianismo como religião está correta em lutar contra a religiosidade, por outro lado iniciou-se uma cruzada indiscriminada contra toda e qualquer manifestação institucional organizada do cristianismo. Séculos de história da Igreja cristã são injustamente descartados por gente que nunca leu um livro sequer sobre essa história ou as conquistas que o cristianismo organizado obteve a fim de que hoje esses que protestam pudessem ter a liberdade de fazê-lo.

Conceitos como o universalismo e o aniquilacionismo são apregoados abertamente, ao mesmo tempo que igrejas, comunidades e ministérios fazem de tudo para aumentar o número de membros. Os padrões de moral e decência nunca estiveram tão baixos, e os reflexos disso vão desde a linguagem chula cada vez mais comum entre os evangélicos até a aceitação da homossexualidade e da fornicação entre namorados. Jovens evangélicos despreparados são confrontados em sala de aula por professores que usam a ciência como alavanca para mover o mundo da incredulidade e anunciar que Deus não existe — ou que, se existe, não faz a menor diferença.

Alheios às necessidades do rebanho, mercenários e falsos profetas estabelecem seu caminho de sucesso e popularidade entre os incautos, realizando sinais e prodígios duvidosos e pregando prosperidade aos que lhes entregarem tudo o que possuem. Em nome do Espírito Santo, rodopiam, dançam, pulam e fazem promessas e afirmações que não têm nenhum respaldo nas Escrituras. Enquanto isso, as grandes verdades do evangelho são negligenciadas e quase nunca anunciadas, como ocorre, por exemplo, com a necessidade de arrependimento e fé em Jesus Cristo para perdão dos pecados e acesso à vida eterna. Parte das igrejas históricas, que ainda retêm essa mensagem, se encontra impotente e paralisada, quer por falta de relevância, quer por não encontrar o caminho para falar a esta geração.

Contudo, não quero terminar este livro numa nota de desânimo. Deixar de reconhecer, com gratidão, a resiliência do remanescente fiel seria entristecer o Espírito Santo. Milhões de jovens e adolescentes garimpam as mídias sociais e os blogues em busca do evangelho autêntico. Nunca se publicou tanta literatura comprometida com as verdades bíblicas do cristianismo histórico. Cresce o número de pastores que entendem que a melhor maneira de pregar é expor o texto bíblico com precisão e aplicação prática. Percebe-se nitidamente que a maior parte dos evangélicos brasileiros considera as Escrituras a infalível Palavra de Deus e está disposta a permanecer firme naquilo que elas ensinam. Observa-se um amadurecimento quanto à necessidade de estudar a boa teologia; nota-se também maior reflexão quanto à atualidade e à atuação dos dons espirituais.

Para mim, o que mantém a Igreja de Cristo viva e ativa é a ação do Espírito Santo mediante a Palavra de Deus, registrada de maneira indubitável nas Escrituras Sagradas. É dessa maneira que Deus haverá de preservar a sua Igreja nestes tempos difíceis. É na Palavra que encontraremos direção quanto ao certo e o errado, os referenciais infalíveis para testarmos os espíritos e todos os que se apresentam como enviados de Deus. Nela encontraremos a base para uma conduta agradável ao Senhor. É da Palavra que extrairemos a mensagem poderosa que muda vidas, transforma corações e reconcilia os homens com Deus.

Minha oração ao final desta obra é que Deus ainda nos permita ter a sua Palavra por muitos anos. Que ele nos livre daqueles que procuram destruí-la, seja negando a sua inspiração, seja relativizando a sua mensagem, seja relegando os seus ensinos a plano secundário em nome de experiências pessoais ou da tradição.

Sola Scriptura!

Notas

6. Em busca do Jesus histórico, novamente
[1] São Paulo: Fonte Editorial, 2005.
[2] Robert W. FUNK, et al. *The Five Gospels: What Did Jesus Really Say? The Search for the Authentic Words of Jesus*. San Francisco, CA: Harper-One, 1996.

8. No fim todos serão salvos?
[1] *Church Dogmatics*. 31 vols. Londres: T&T Clark International, 2009.

9. O inferno em que Rob Bell se meteu
[1] André PETRY. "Quem falou em céu e inferno?", *Veja*, nº 2.297, 28 de nov. de 2012. Disponível em: <http://www.esextante.com.br/site/newsletter/2012/2012_11_26Amor/AmorVence_Veja.pdf>. Acesso em: 6 de ago. de 2014.
[2] Rio de Janeiro: Sextante, 2012.

10. Quando a cultura vira evangelho
[1] Cit. em Douglas WILSON. "O Puritano Liberado", *Jornal Os Puritanos*, ano 5, nº 1, jan./fev de 1997, p. 16.
[2] Cit. em Leland RYKEN. *Santos no mundo: os puritanos como realmente eram*. São José dos Campos: Fiel, 1992, p. 19, 177.

13. Discípulos ou consumidores?
[1] Victoria BEKIEMPIS. "Nearly 1 in 5 Americans Suffers From Mental Illness Each Year", *Newsweek.com*, 28 de fev. de 2014. Disponível em: <http://www.newsweek.com/nearly-1-5-americans-suffer-mental--illness-each-year-230608>. Acesso em: 6 de ago. de 2014.
[2] Minneapolis: *Bethany* House Publishers, *1976*. [Publicada no Brasil sob o título *Teologia Sistemática,* Rio de Janeiro: CPAD, 2001.]
[3] P. 224.

18. O que a Bíblia diz sobre relações homossexuais

[1] Lembremos que as práticas homossexuais, embora mais toleradas entre os gregos e os romanos do que entre os judeus, não eram totalmente aceitas como normais por aquelas sociedades. Já no século 3 a.C., a lei romana punia severamente as práticas homossexuais e protegia os menores de idade contra a pedofilia. Pensadores gregos também debatiam a validade da pederastia.

[2] "Abusemos deles" (RA), "queremos dormir com eles" (SBP), "queremos ter relações com eles" (NTLH).

[3] "Conhecer" (*yadah*) é o termo padrão usado no Antigo Testamento para se referir às relações sexuais (cf. Gn 4.1,17,25, RC).

[4] *De Abrahamo*, 26.135. Disponível em: <http://www.earlyjewishwritings.com/text/philo/book22.html>. Acesso em: 7 de nov. de 2014.

[5] No livro apócrifo Eclesiástico, com base na passagem de Ezequiel, o orgulho é apresentado como causa da destruição de Sodoma: "Não poupou os concidadãos de Ló, abominou-os por causa de seu orgulho" (16.8, BJ).

[6] É indiscutível que, ao abordar o pecado de Sodoma e Gomorra, Pedro e Judas têm em mente as práticas homossexuais de seus moradores, referidas como "procedimento libertino", "obras iníquas", "seguir após outra carne" (2Pe 2.6-8; Jd 7).

[7] Homero, Filo e Josefo empregam o termo *malakos* no sentido de algo macio ao toque. Dionísio, Dio Crisóstomo e dezenas de outros autores gregos usam o termo para se referir a alguém passivo numa relação homossexual. É este o sentido encontrado em todos os léxicos gregos mais conhecidos.

[8] Somente Paulo usa a palavra "sodomita" no Novo Testamento, aqui e em 1Timóteo 1.10. Ele talvez esteja juntando as palavras *arsen* (homem) e *koite* (cama ou coito) que aparece em Levítico 20.13, algo que aparentemente foi feito nos *Oráculos sibilinos* 2.73, onde o termo é usado para se referir ao homem que tem relações com outro: "não praticarás sexo com homem".

[9] Entre essas instituições estão a Igreja Presbiteriana dos Estados Unidos — que nada tem a ver com a Igreja Presbiteriana do Brasil —, a Igreja da Escócia, a Igreja Unida de Cristo (Estados Unidos), a Igreja da Suécia, a Igreja Evangélica Luterana (Estados Unidos), a Igreja Episcopal (Estados Unidos e Canadá), a Igreja Nacional da Dinamarca, a

Igreja da Noruega, a Igreja da Finlândia, a Igreja da Islândia e a Igreja Metodista Unida (Estados Unidos). Na maioria dos casos, a aceitação da homossexualidade provocou divisões em tais igrejas.

20. Profissão: prostituta

[1] Disponível em: <http://jeanwyllys.com.br/wp/lei-da-prostituicao-divide-camara>. Acesso em: 16 de out. de 2014.

25. O dia de Pentecostes

[1] "Martyn Lloyd-Jones, John Stott, e 1Co 12.13: O Debate sobre o Batismo com o Espírito santo", *Fides Reformata* vol. 1, ano 1º, jan./ jun. de 1996. Disponível em: <http://www.mackenzie.br/fileadmin/ Mantenedora/CPAJ/revista/VOLUME_I__1996__1/martyn_loyd_-jones....pdf >. Acesso em: 16 de out. de 2014.

27. A importância das cosmovisões

[1] São Paulo: Perspectiva, 2013.

[2] São Paulo: Cultura Cristã, 2008.

28. Verdade e pluralidade

[1] Este texto se baseia na Carta de Princípios do Mackenzie, "Verdade e Pluralidade", de 2008. Disponível em: <http://www.mackenzie. br/ano200700.html>. Acesso em: 7 de ago. de 2014.

[2] "Vision and Reality: The Challenges Facing Christian Higher Education Today", palestra realizada em 1998 na Universidade Presbiteriana da Coreia, p. 24-25.

[3] "Edgar Morin: 'A escola mata a curiosidade", *Nova Escola*, nº 168, out. de 2006. Disponível em: <http://revistaescola.abril.com.br/ formacao/escola-mata-curiosidade-425244.shtml>. Acesso em: 5 de nov. de 2014.

[4] São Paulo: Editora UNESP, 1993.

[5] Lei nº 9.394, de 20 de dez. de 1996. *Diário Oficial [da] República Federativa do Brasil*, Brasília, DF, 23 de dez. de 1996. Disponível em: <http://portal.mec.gov.br/arquivos/pdf/ldb.pdf>. Acesso em: 7 de ago. de 2014.

29. Cristianismo e pesquisa científica

[1] São Paulo: Cultura Cristã, 2005.

[2] Londres: Penguin, 1960.

[3] São Paulo: Pioneira, 2000.

30. Uma visão cristã crítica da tecnologia

[1] São Paulo: Universidade Presbiteriana Mackenzie, 2006.

[2] Grand Rapids, MI: W. B. Eerdmans, 1990.

[3] *The Religion of Technology: The Divinity of Man and the Spirit of Invention*. Nova York: Penguin, 1999.

31. O desafio do ambiente acadêmico para os jovens cristãos

[1] "Five Myths about Young Adult Church Dropouts", *Barna Group*,16 de nov. de 2011. Disponível em: <https://www.barna.org/teens-next--gen-articles/534-five-myths-about-young-adult-church-dropouts>. Acesso em: 7 de ago. de 2014.

[2] Cit. em "Grandes cientistas e a fé", *Fé e ciência*. Disponível em: <http://www.freewebs.com/kienitz/declara.htm>. Acesso em: 7 de ago. de 2014.

[3] Idem.

[4] São Paulo: Gente, 2007.

32. Há coisas em que até um ateu acredita

[1] Upper Saddle River, NJ: FT Press, 2013.

[2] Nova York: Oxford University Press, 2012.

[3] Para quem lê inglês, indico a resenha feita por William DEMBSKI, "Defecting from Darwinism Naturalism", *Evolution News*, 5 de nov. de 2012. Disponível em: <http://www.evolutionnews.org/2012/11/defecting_from066131.html>. Recomendo também o breve comentário de Alvin PLANTINGA, "Why Darwinism Materialism is Wrong", *New Republic*, 16 de nov. de 2012. Disponível em: <http://www.newrepublic.com/article/books-and-arts/magazine/110189/why-darwinist-materialism-wrong>. Acesso em: 7 de ago. de 2014.

[4] *Mind and Cosmos*, p. 7.

[5] Idem, p. 15.

[6] Idem, p. 5-6.

[7] Idem, p. 9.

[8] Idem, p. 11.

[9] Idem, p. 12.

[10] Idem, p. 15-20.

[11] Idem, p. 27-28.

Sobre o autor

Augustus Nicodemus é pastor titular da Primeira Igreja Presbiteriana de Goiânia (GO), escritor e professor convidado do Centro Presbiteriano de Pós-Graduação Andrew Jumper. É vice-presidente do Supremo Concílio da Igreja Presbiteriana do Brasil. Casado com Minka Schalkwijk, é pai de Hendrika, Samuel, David e Anna.